Leo Kauter

Vom Lügen Betrügen und der Moral

Ein Arbeitsbuch

Materialien und Projekte

◆Impressum

Titel: **Vom Lügen, Betrügen und der Moral**
Materialien und Projekte

Autoren: Leo Kauter, Lena Morgenthau

Druck: Druckerei Uwe Nolte, Iserlohn

Verlag: **Verlag an der Ruhr**
Alexanderstraße 54 – 45472 Mülheim an der Ruhr
Postfach 10 22 51 – 45422 Mülheim an der Ruhr
Tel.: 02 08/439 54 50 – Fax: 02 08/439 54 39
E-Mail: info@verlagruhr.de
www.verlagruhr.de

© **Verlag an der Ruhr 2003**
ISBN 3-86072-773-7

**geeignet für
die Altersstufe**   13 14 15 … 23 24 25

*Ein Lese- und Arbeitsbuch
für junge Erwachsene*

Die Schreibweise der Texte folgt der
reformierten Rechtschreibung.

Gedruckt auf chlorfrei gebleichtes Papier.

Inhalt ◆

◆ Inhalt

Ein besonderer Trick ...
... sind die Trickkisten im Anhang. Hier findet ihr sämtliche Materialien des Buches nach Themen geordnet aufgelistet.

Vorwort ◆

„Ach, wie gut, dass niemand weiß, ...“ Im Märchen verbirgt Rumpelstilzchen seinen Namen vor der Tochter des Schneiders, der späteren Königin. Als seine Identität entdeckt wird, ist es aus mit seiner Macht über sie – vor Wut zerreißt der kleine Gnom sich in zwei Teile, der Zauber ist gebrochen. Nicht alle Versuche, die eigene Person, das wahre Gesicht zu verbergen, enden so tragisch. Nicht jeder, der die Anonymität sucht, sich ein Pseudonym gibt, sich im Verborgenen halten will oder sich als ein ganz anderer darstellen will, riskiert so viel.

Ist **helena17**, mit der sich im Chatroom so prickelnd plaudern lässt, wirklich die nette junge Frau mit Interesse an HipHop, als die sie ihre elektronische Visitenkarte darstellt? Und ist **superdragan** im virtuellen Raum nebenan nicht in Wirklichkeit 30 Jahre älter als der, für den er sich ausgibt, und weit entfernt von dem Bodybuilding-gestählten Körper, mit dem er protzt? – Die Kommunikation in den Chatrooms des WWW ist auch deshalb so flüchtig, weil jede und jeder per Mausklick wieder ab- und als ganz anderer wieder auftauchen kann. Wir spielen mit unserem Ich, wechseln unsere Identitäten, probieren viele Darstellungsformen aus, testen, wie wir wirken, wenn wir uns so oder anders geben – und das nicht erst, seit das Internet uns das Versteckspiel so erleichtert: Im Karneval passiert seit Jahrhunderten das gleiche; und wenn die Maske fällt, macht sich Erleichterung, Enttäuschung, Empörung breit, auf jeden Fall ist ein Moment der Überraschung dabei. Und in den Geschichten aus Tausendundeiner Nacht streift Harun ar-Rashid, der Kalif von Bagdad, des Nachts unerkannt durch die Straßen, um die Wünsche, Hoffnungen, Beschwerden und Nöte seiner Untertanen zu erkunden – nicht immer zu deren Vorteil, aber um der Gerechtigkeit willen.

„Mach das Beste aus deinem Typ!“ Wir brezeln uns auf, bevor wir in die Disco gehen, werfen unsere Anzieh-Gewohnheiten über den Haufen, stylen uns völlig neu. Oder wir verändern unser Zimmer, streichen die Wände neu in einem Pink-Ton, vor dem wir früher davongelaufen wären, stellen die Möbel um. Immer wieder versenden wir Botschaften darüber, wie wir sind, wie wir gerne sein möchten, wie andere uns sehen sollten. Wir erzählen, konstruieren uns immer wieder neu.

Wer ist denn **wirklich** der Typ, aus dem ich das Beste machen soll? Welchen vorgefertigten Mustern von dem, was hip ist, eifert er nach? Wie kann ich es schaffen, ich selbst zu sein: authentisch? Nicht alle müssen alles über mich wissen. Aber was ich vor den anderen verberge, was ich nach außen hin vorspiele – ab wann beginne ich selbst daran zu glauben, halte mich selbst für einen anderen als den, der ich bin? Wann wird aus dem Spiel mit den Masken, mit dem Verbergen und Zurschaustellen, die Lebenslüge? Und wenn die aufbricht – wie lässt sich dann Rumpelstilzchens Schicksal noch verhindern?

Die **glaubhafte, die überzeugende Darstellung** ist nicht immer auch die wahre. Vielleicht ist sie nur die besonders geschickt getarnte Lüge. Immerzu sind wir Sender und Empfänger von Botschaften, von nonverbalen wie von verbalen. Wir reagieren auf sie, müssen mit ihnen umgehen ohne jederzeit ihren Wahrheitsgehalt überprüfen zu können. Dazu braucht es **Glaubwürdigkeit**

und Vertrauen. Sind wir zu zögerlich in unserem Vertrauen anderen gegenüber, verbauen wir uns Handlungschancen; vertrauen wir zu schnell, laden wir zum Missbrauch unserer Vertrauensseligkeit ein. Wir wollen glaubwürdig erscheinen, schon weil der völlig Unglaubwürdige kein ernstzunehmender Kommunikationspartner mehr sein kann. Aber ist deshalb nicht gerade der Betrüger darauf aus, besonders glaubwürdig zu erscheinen – schon um des eigenen Vorteils willen? Und wie nachlässig darf der Umgang mit der Wahrheit sein, bis die Glaubwürdigkeit nachhaltig zerstört ist?

„Wer einmal lügt, ...“ – dem glaubt man eben doch wieder. Denn wir alle wissen: Zwar ist die Wahrhaftigkeit die Grundlage menschlicher Kommunikation, menschlichen Handelns überhaupt; aber dennoch begegnen wir der Lüge überall, bedienen uns ihrer auch selbst. Wie nur wenige andere moralische Gebote ist die sittliche Norm der Wahrhaftigkeit gekennzeichnet dadurch, dass sie **gilt** (niemand bestreitet ihren normativen Gehalt) – und **zugleich nicht gilt** (sie wird unentwegt unterlaufen). Aber die klärenden Grenzziehungen sind nicht so einfach: Was ist bereits bewusste Lüge, was ist eher noch spielerisches Verschleiern? Wo beginnt ein Recht auf die Wahrheit (und „nichts als die Wahrheit“), wo genügt es zu schweigen, zu verschweigen? Und vor allem: gibt es gute Gründe dafür ehrlich zu sein?

Solch grundsätzlichen Fragen nähert sich dieses Buch manchmal auch ganz pragmatisch, aber immer von unterschiedlichen Seiten her. Eine erfolgreiche Auseinandersetzung damit wünscht

Leo Kauter

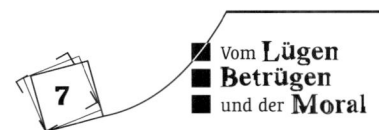

Vom **Lügen**
Betrügen
und der **Moral**

◆ Einführung

***Geschätzte Leser, verehrte Lügner,
liebe Belogene und Betrogene,***

denn das seid ihr doch wohl, oder? Und wenn es euch bis jetzt noch
nicht aufgefallen sein sollte, spätestens nach der Lektüre dieses
Buches wird euch Folgendes bewusst sein: Lügen, Betrügereien,
Täuschungen bestimmen unseren Alltag. Jeder von uns ist täglich
der Beeinflussung durch Werbung und durch Medien ausgesetzt.
Die Arbeitsmaterialien sind zugleich Hilfe und Anregung, im
Dschungel der manipulierten Nachrichten und Bilder die Wahrheit
zu suchen und den Sinn für die Realität nicht zu verlieren.
**Sei wachsam! Sperr Augen und Ohren auf! Und vor allem:
Mach dir selbst nichts vor!**

Gegen die Lügen des Alltags vermag man sich allerdings erst dann
zu wehren, wenn man Lüge, Täuschung und Betrug erkennt und
durchschaut. Deshalb findet ihr hier Materialien und Projektvor-
schläge, die von berühmten historischen Lügen und Fälschungen hin
zu den Lügen und Täuschungen im Chatroom reichen. Von fantastischen Lügengeschichten über abenteuerliche Reisen zum Mond hin
zur Lebenslüge und der Frage: Wie kann ich es schaffen, ich selbst zu
sein – authentisch?
Der Philosoph Immanuel Kant, der im Interesse einer funktionieren-
den Gesellschaft jede Lüge definitiv ablehnt, kommt ebenso zu Wort,
wie moderne Wissenschaftler und Evolutionsforscher, die das
Überleben des Menschen in seiner Fähigkeit zu lügen begründet
sehen.
Die rechtlichen Konsequenzen des Lügens (Meineid ist strafbar,
gewisse Lügen im Bewerbungsgespräch sind erlaubt) sind genauso
wichtig, wie die faszinierenden und fantastischen Aspekte von Lügen
und Täuschungen (optische Tricks, Zauberei und Illusionen in Theater
und Kino).
Es geht um Weltpolitik, um die Gesellschaft und um euer Leben.
Und alles dreht sich von der ersten bis zur letzten Seite ums Lügen:
„Lüge" als Spiel, „Alles Lüge" als Song und „dieser Satz ist eine Lüge"
als Denksportaufgabe.
Dabei stoßt ihr immer wieder auf die Frage, ob es in manchen
Situationen nicht vielleicht doch besser wäre, zu lügen ...
In der Auseinandersetzung mit den zahlreichen Beispielen werdet
ihr spielerisch ein eigenes Gefühl für Moral entwickeln und viele
Entscheidungen werden euch in Zukunft leichter fallen, weil ihr
geübt seid, rechtzeitig mögliche Konsequenzen zu bedenken.

*Der Verlag an der Ruhr wünscht nachdenkliche und vergnügliche
Stunden mit den Materialien!*

© Verlag an der Ruhr ✎ Postfach 102251 ✎ 45422 Mülheim an der Ruhr ✎ **www.verlagruhr.de**

Das Problem mit der Wahrheit

**Schöne Worte
  sind nicht wahr.
Wahre Worte
  sind nicht schön.**
— *Laotse, chinesischer Philosoph*

„Du sollst nicht lügen."

Folgende Kurzgeschichte ist ein guter Einstieg ins Thema „Das Problem mit der Wahrheit". Lest euch die Geschichte gegenseitig abschnittsweise vor.

Man kann seinen Urlaub im Kloster verbringen, zum Schafzüchten nach Neuseeland auswandern oder einen Einsiedlerbauernhof im Allgäu übernehmen. Möglichkeiten, der Welt eine Zeit lang zu entsagen und ganz für sich allein zu sein, gibt es viele. Der einfachste Weg in die Einsamkeit freilich sieht so aus: Man bleibt zu Hause und sagt die Wahrheit. Schonungslose zwei Wochen lang. Dabei hatte ich mir die Sache so einfach vorgestellt. Vierzehn Tage Wahrhaftigkeit? Für mich überhaupt kein Problem, weil ich sowieso nie lüge.

Nur rief knapp zehn Minuten nach meinem Wahrheits-Gelübde Tante Grete aus Hannover an, um ihre nahende Stippvisite kundzutun. *„Na prima, wir freuen uns!"* hörte ich mich fröhlich flöten. Die Wahrheits-Wochen, soviel war nach Tante Gretes Anruf klar, mussten nachträglich um ein Viertel-Stündchen verschoben werden. Ich hatte geschwindelt, na und?

Tante Grete war 84, hochsensibel und gebrechlich. Ich hatte großartig gehandelt. Höchstgradig feinfühlig eben. Außerdem war Tante Grete eine Ausnahme.

Das Telefon klingelte wieder. Axel, ein alter Bekannter, wollte mich zum Essen einladen. Mein Gedächtnis warnte vor fadem Fraß in schlecht geheizter Küche und Urlaubsdias aus Mexiko zum Dessert. Ausgerechnet morgen, wenig Zeit, ein andermal gern, soufflierte mein Hirn; mein Mund schickte sich an, daraus süße Lügen zu formen. Alarm, schrie mein journalistisches Gewissen – gerade noch rechtzeitig. *„Nein"*, hustete ich mit dünnem Stimmchen, *„keine Lust."* Wie peinlich. Sollte ich nicht doch … *„Wohl viel zu tun im Moment?"*, fragte Axel verständnisvoll. War der taub? *„Nein, ich habe einfach keine Lust."* Axels letzter Rettungsversuch: *„Ich ruf vielleicht mal wieder an, wenn du besser drauf bist!"* Ich musste wahnsinnig sein. Wollte im Boden versinken. Aber andererseits: mein erster Etappensieg im Kampf gegen die Lüge! Keine Dias für niemanden! Ich fühlte mich plötzlich richtig gut. Der Anfang war gemacht. Die Diplomatie verzog sich kleinlaut in ein paar ungenutzte Gehirnzellen, ich schrammte los auf dem Pfad der Wahrheit. Der Pfad sollte sich als Geröllfeld erweisen. Mit tausend Stolpersteinen und mehr.

Ich entschied mich für ein leichtes Aufbautraining auf neutralem Terrain: Tatort Supermarkt, Kassenschlange. Ich spürte, wie sich eine nervöse Dame neben mich schob: *„Entschuldigung, ich hab' nur die Zigaretten hier. Würde es Ihnen etwas ausmachen, mich rasch vorzulassen?"* *„Ja"*, antwortete ich. Das war nicht nett, aber ehrlich. *„Sie*

© Verlag an der Ruhr ☞ Postfach 102251 ☞ 45422 Mülheim an der Ruhr ☞ www.verlagruhr.de

dürfen trotzdem vor", sagte ich schließlich gönnerhaft. Man ist ja kein Unmensch.

Nach ersten erfolgreichen Testläufen legte ich sogar ungefragt los; wie bei Karstadt, Abteilung Damenbekleidung. Vor dem Spiegel rotierte gerade ein orangefarbenes Ensemble an einer blassen Enddreißigerin, die mich fragend ansah. *„Die Farbe ist nichts für Sie"*, bemerkte ich, während ich mich in einer schicken grauen Hose begutachtete. *„Außerdem sitzt der Rock hinten schlecht."* Verblüfft starrte die Blasse erst auf mich, dann in den Spiegel. *„Bei der Farbe war ich mir tatsächlich nicht sicher, finde ich super, dass Sie das so sagen. Übrigens"*, grinste sie, während sie an mir heruntersah, *„die Hose würde ich an Ihrer Stelle eine Nummer größer nehmen."* Retourkutsche? Katastrophenschutz? Egal – sie hatte recht. Dankbarkeit ereilte mich sonst eher selten, der Wahrhaftigkeit folgten meist fassungslose Gesichter oder betretenes Schweigen. Bereits am dritten lügenfreien Tag bedurfte ich dringend des Zuspruchs meiner

Freundin Vera. *„Die meisten Leute können nun mal mit der Wahrheit nicht umgehen"*, tröstete sie mich, während wir auf dem Spielplatz saßen und unseren Kindern beim Zweikampf um eine rote Schaufel zusahen. Ich nickte heftig. Veras Sohn Matthias, drei, stülpte einen Eimer Sand über meine Svea, zwei, und kloppte ihr mit der ergatterten Schaufel auf die Mütze. *„Das macht ja echte Freundschaften so wertvoll"*, sinnierte Vera. *„Kein Verstellen, einfach sagen, was man denkt."* Gut, dass sie mich daran erinnerte: *„Dein Sohn ist in letzter Zeit reichlich brutal, findest du nicht?"* Vera starrte mich an. Ich hätte ihren Mann einen Idioten, ihren Terrier ein Stinktier nennen können – Freundschaft verträgt vieles. Aber eben nicht alles. Ich lächelte schief. *„War'n Scherz"*, keuchte ich. Lüge, Lüge, kreischte mein Gewissen. Mein Harmoniebedürfnis hielt ihm den Mund zu. Ich hatte versagt, ohne Frage, und ich hatte kapiert: Kein Alltag war schwindelfrei – nicht einmal unter Freunden. Mit Ausflüchten, Notlügen und Beschönigungen kann man sich alle Sympathien sichern; hält

man sich dagegen heldenhaft an die Wahrheit, katapultiert man sich ruck, zuck ins Abseits: peinliche Pausen, beklommene Stille, betretene Gesichter. War's das wirklich wert?

Auch im Umgang mit dem Nachwuchs stieß ich an meine Grenzen; bei heftigem Schneefall und Außentemperaturen um minus drei Grad bestand Svea auf Turnhosen, Regencape und Sandalen. Ich schwafelte liebevoll von Schnee, Kälte, Schnupfen und wenn-es-wieder-Sommer-wird, doch das Gör blieb hart. Ich kochte. *„Hör gut zu, kleine Ratte"*, begann ich schließlich. *„Mama hat's verdammt eilig, und wenn du nicht mit den Füßen nach oben aus dem Fenster gehängt werden willst, machst du jetzt Schluss mit den Fisimatenten!"* Unzensierter Mutterfrust im Tarnmäntelchen: Ich hatte meine Schimpftirade sanft und honigsüß lächelnd geflüstert und mein Gelübde somit erfolgreich überlistet. Ansonsten war mit List und Tücke nicht viel zu holen. Meine Fantasie hockte schon bald gelangweilt im Hinterstübchen, mein Ausredenfundus verstaubte. Ständige Begleiter meiner Ehrlichkeit: Schamesröte und Mäusestimmchen. Nach knapp einer Woche hatte ich den Wahrheitszwang gründlich satt. Ungetrübte Erfolgserlebnisse waren nur in der C-Klasse meiner sozialen Kontakte zu holen: Hatte

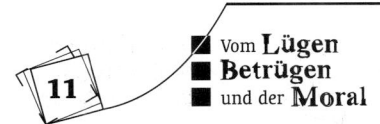

■ Vom **Lügen** ■ **Betrügen** ■ und der **Moral**

— Fortsetzung

ich es beispielsweise geschafft, meiner spießigen Nachbarin zu gestehen, dass ich Uschi Glas keineswegs für die größte deutsche Schauspielerin hielt, fühlte ich mich wie eine Heilige. Mit einem Wort: großartig. Eine Jeanne d'Arc der ungeschminkten Worte.

Nach zwei Wochen war es endlich soweit, die letzten Stündlein der Wahrhaftigkeit hatten geschlagen. Saublödes Timing, denn mein Inserat erschien. Das mit der Reiseschreibmaschine, die ich endlich loswerden wollte.

> **Olympia Monica XP 150,** Reiseschreibmasch., gut erhalten, VB 50,– €, 01 64 / 2 56 77 81

Gerd war schwer interessiert: *„Geil, nehm' ich doch gleich mit, 'nen Hunni, wa?"* Gerd freute sich wirklich. *„Ach so"*, fiel ihm ein, *„in Ordnung ist das Ding ja, oder?"* Vielleicht hätte ich die zwei Wochen um ein paar Stunden verkürzen sollen. Oder sonst ein bisschen schummeln. Wäre keinem aufgefallen. *„Das D"*,

hörte ich mich schließlich murmeln. *„Ha?"* fragte Gerd. *„Das D"*, wiederholte ich. *„Es klemmt manchmal."* Wir einigten uns auf 30 Euro. Danke, das war's. Meine Opferbereitschaft hatte ihre natürlichen Grenzen erreicht. Ich ging nicht mehr ans Telefon, verweigerte selbst dem Postboten den Zutritt. Anderthalb Stunden lang, dann waren gnadenlose zwei Wochen um. 14 Tage Selbstzensur – ich musste ja bescheuert sein! Eines hatte ich jedenfalls kapiert: Ohne Schummeln geht es nicht. Die Welt will betrogen sein. Jedenfalls ein kleines bisschen. Das Leben hat mich wieder. Die Gesellschaft auch. Meine Fantasie arbeitet bereits auf Hochtouren. Muss mir schließlich was einfallen lassen: Axel ist verschollen, Vera ist verschnupft, keiner ruft mich an. Notgedrungen verbringe ich meinen ersten lügenfreien Abend vorm Fernseher. Dort läuft gerade ein alter „Tatort". *„Ich will jetzt die Wahrheit hören"*, schreit Schimanski. Der Kerl weiß ja nicht, wovon er redet!

— **Silke Pfersdorf, „Du sollst nicht lügen", Brigitte 9/97, S. 140–141**

👁 **Spielt die verschiedenen Szenen aus dem Text in Gruppen nach. Besprecht jeweils, ob ihr das Verhalten der Autorin in Ordnung findet oder nicht.**

👁 **Versuche, wie die Autorin für einen begrenzten Zeitraum streng bei der Wahrheit zu bleiben. Berichtet euch nachher gegenseitig von euren Erfolgen und Misserfolgen.**

Vom **Lügen** **Betrügen** und der **Moral**

© Verlag an der Ruhr ◈ Postfach 102251 ◈ 45422 Mülheim an der Ruhr ◈ www.verlagruhr.de

Wahrheit und Wahrhaftigkeit

Wahrhaftigkeit, charakterliche Haltung, die in der subjektiven Verpflichtung zur Wahrheit besteht, im Unterschied zum Gutsein als der objektiven Wahrheit des Handelns. Sie äußert sich gegenüber anderen darin, dass die eigenen Aussagen mit der eigenen Überzeugung in Einklang stehen (äußere Wahrhaftigkeit), gegenüber dem eigenen Ich in Ehrlichkeit und Bereitschaft zur selbstkritischen Auseinandersetzung mit eigenen Motiven und Verhaltensweisen (innere Wahrhaftigkeit) wie auch in der Übereinstimmung des Handelns mit der inneren Gesinnung. Mangelnder Wahrhaftigkeit liegen Irrtümer oder Täuschungsabsichten gegenüber anderen oder sich selbst (Lüge, Verdrängung) oder auch unbewusste Konflikte zugrunde. Die Haltung der Wahrhaftigkeit ist als Ausdruck einer lebens-praktisch-affektiven Übereinstimmung einer Person mit sich selbst anzusehen; sie ist zudem eine Grundvoraussetzung gelingender zwischenmenschlicher Praxis.

— **Brockhaus Wahrhaftigkeit, Bd. 23, S. 510, 1994**

> **Fünf Schwierigkeiten, die Wahrheit zu sagen.**
> Man muss sie erkennen können.
> Man muss sie in Worte fassen können.
> Man muss sie ertragen können.
> Man muss den Mut haben, sie auch dann zu sagen, wenn andere, deren Zorn man nicht gerne erregen möchte, sie nicht gerne hören.
> Man muss es ertragen können, dass andere sie nicht in gleicher Weise anerkennen.
>
> — **Fritz Zimbrich**

Formal wahr

Susanne fragt ihren Bruder Benni, wo die neue CD ihrer Lieblingsgruppe liegt. Er antwortet: *„Sie ist entweder in deinem CD-Spieler oder in meiner Schultasche."* Auch wenn Benni genau weiß, dass er sie noch in seiner Schultasche hat, ist seine Antwort formal wahr. Wahrhaftig ist sie aber sicher nicht.

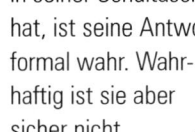
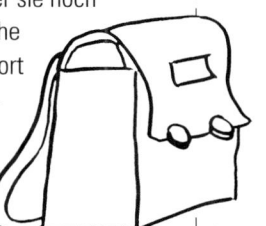

Beispiele:

- ◤ Nina pflückt ihrer Mutter einen Strauß Blumen.
- ◤ Nina pflückt ihrer Mutter einen Strauß Blumen, damit die Mutter gute Laune bekommt und Nina erlaubt, am Wochenende bei ihrer Freundin zu übernachten.
- ◤ Nina pflückt ihrer Mutter einen Strauß Blumen, um ihr eine Freude zu machen, die Mutter reagiert aber allergisch auf diese Blumen und bekommt einen Hautausschlag.

👁 Schau dir nebenstehende Beispiele an. In welchen Fällen würdest du die Handlung als gute Tat bezeichnen? Wie steht es jeweils mit Ninas Wahrhaftigkeit bei der Handlung?

👁 Diskutiert die Beispiele in der Klasse und sucht weitere Beispiele für gute Taten und für wahrhaftiges Verhalten.

■ Vom **Lügen**
■ **Betrügen**
■ und der **Moral**

Ehrlich gesagt ...

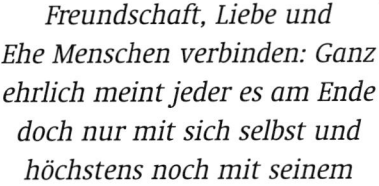

> So eng auch Freundschaft, Liebe und Ehe Menschen verbinden: Ganz ehrlich meint jeder es am Ende doch nur mit sich selbst und höchstens noch mit seinem Kinde.
>
> — **Arthur Schopenhauer**

„Das Essen ist gut, ehrlich!"

Diese Aussage hat eine explizite und eine implizite Ebene. Explizit d.h. ausdrücklich, wortwörtlich ist die Aussage eindeutig formuliert: Ehrlich gesagt, das Essen ist gut. Implizit oder in der Aussage eingeschlossen – könnte damit auch gemeint sein: Jetzt meine ich es ehrlich, das Essen ist gut. Alles, was ich sonst gesagt habe, ist damit nicht unbedingt ehrlich gemeint. Tatsächlich ist die Zusatzbemerkung (dass es ehrlich gemeint ist) nicht erwähnenswert, insofern alle sonstigen Aussagen ebenfalls ehrlich gemeint wären. Dieses Beispiel veranschaulicht uns, dass wir tagtäglich beim Sprechen über den Wahrheitsgehalt von Äußerungen nachdenken müssten. In der Kommunikationsberatung werden bekanntlich Begriffe wie Wahrheit, Offenheit, Ehrlichkeit immer wieder unterstrichen. Dies bedeutet, dass Lügen auf lange Sicht kurze Beine haben. (Weil selbst Laien erkennen, dass beim Lügen etwas nicht stimmen kann; nicht synchron ist.)

[...] Wer die Alltagsgespräche genauer beachtet, stellt tatsächlich fest: Gegenüber Vorgesetzten, Kunden oder Lebenspartnern werden laufend Komplimente gemacht, die eindeutig übertrieben, nicht ehrlich gemeint sind, es wird mitunter handfest gelogen (Alter, Ausbildung, Erfolge, Finanzen usw.). Arthur Schopenhauer formulierte es wie folgt: *So eng auch Freundschaft,*

Liebe und Ehe Menschen verbinden: Ganz ehrlich meint jeder es am Ende doch nur mit sich selbst und höchstens noch mit seinem Kinde. Der deutsche Philosoph stellt damit schon im 19. Jahrhundert fest, dass der Umgang mit der Ehrlichkeit ein schwieriges Thema ist. Übertriebene Offenheit kann sogar zur Taktlosigkeit werden. Wer alles so sagt, wie er es empfindet, hat bald Kommunikationsprobleme. Unter dem Deckmantel der Ehrlichkeit könnten wir tagtäglich Mitmenschen verletzen. Hat somit die „Notlüge" [...] Schutzfunktion?

[...] Möglicherweise gibt es verschiedene Arten der Ehrlichkeit. Jene mit und über sich selbst und jene über andere. Mit der so genannten Ehrlichkeit haben die Anderen ein einfaches Instrument, jemanden fertig zu machen. Ein spanisches Sprichwort sagt. *„Zuweilen spricht auch der Teufel die Wahrheit"*. Wann nützt dann überhaupt Ehrlichkeit, wenn im Alltag jene bestraft werden, die offen und „ehrlich" ihre Gefühle und eigenen Schwächen vor anderen ausbreiten? Ehrlichkeit nützt viel und ist und bleibt wichtig. Doch gibt es gewisse Voraussetzungen: Sofern wir bereit sind, bei Schwächen und Direktheiten Bösartigkeit und Gift auszuklammern, ist Ehrlichkeit gewiss hilfreich.

Ehrlich gesagt: Dies fällt mir auch nicht immer leicht.

— **Hildegard Knill, www.rhetorik.ch**

Im präfrontalen Kortex, vier Finger breit oberhalb der Nasenwurzel, sollen nach aktuellen US-amerikanischen Untersuchungen die Lügen entstehen. Durchschnittlich 200-mal täglich wird diese Hirnregion aktiv.
Alle acht Minuten lügt der Mensch also – mehr oder weniger bewusst.

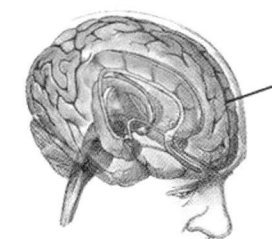

Zerebraler Kortex

© Verlag an der Ruhr ✆ Postfach 102251 ✆ 45422 Mülheim an der Ruhr ✆ www.verlagruhr.de

Vom **Lügen**
Betrügen
und der **Moral**

Sind die Deutschen ein Volk von Lügnern?

86,7 % der Deutschen lügen, um andere nicht zu beleidigen oder zu kränken.

84 % glauben, dass der Ehrliche manchmal der Dumme ist.

81 % finden, man solle in wichtigen Dingen ehrlich sein.

73 % lügen aus Selbstschutz oder um andere zu schützen und finden dies sogar notwendig, damit Menschen miteinander auskommen.

64 % lügen, um sich Probleme zu ersparen.

62 % haben das Ziel, möglichst nie zu flunkern.

57,1 % glauben, man müsse manchmal einfach lügen, um sich in der heutigen Welt behaupten zu können.

48,8 % versprechen sich vom Lügen Vorteile im Beruf.

30,7 % finden Lügen in der Liebe angebracht.

— Nach einer Umfrage des Meinungsforschungsinstituts GfK von 2002, das 2490 Deutsche über 14 Jahre zum Thema „Lügen" befragte.

„Seien wir doch mal ehrlich," *verraten sich die Lügner.*

◎

„Ich glaube, dass man in den menschlichen Beziehungen viel mehr Gutes tut, wenn man ein gewisses Niveau der Lüge auch einmal toleriert und zugibt."

— Dirk Maxeiner, Wissenschaftsjournalist; taz vom 23.11.2001

◎

„Man sollte dem andern die Wahrheit wie einen Mantel hinhalten, damit er hineinschlüpfen kann; und sie ihm nicht wie einen nassen Lappen um die Ohren schlagen."

— Max Frisch

👁 **Sammelt Sätze, die neben der expliziten (ausdrücklichen) Ebene eine implizite (in der Aussage mitgemeinte) Ebene enthalten.**

👁 **Schreibt die Sätze in eine Tabelle: links den Satz selbst, rechts formuliert ihr die darin enthaltene zusätzliche Aussage in eigenen Worten.**

👁 **Führe einen Tag lang Protokoll über alle Höflichkeitslügen und Notlügen, die du aufschnappst oder sogar selbst verwendest. Schreibe sämtliche Lügen auf, zusammen mit einem Vermerk, in welcher Situation sie vorkamen. Vergleicht eure Ergebnisse.**

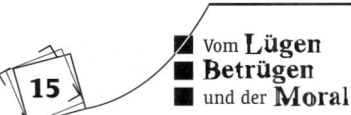

Vom **Lügen** **Betrügen** und der **Moral**

Münchhausens Geschichten

Erich Kästner · Walter Trier

MÜNCHHAUSEN

Atrium

👁 **Stell eine Liste mit sämtlichen Lügen Münchhausens, die du im Text findest, zusammen.**

👁 **Vergleicht eure Listen und überprüft, ob jeder von euch alle Lügen auf Anhieb gefunden hat.**

👁 **Schreib selbst ein Lügenmärchen. Lüg, was das Zeug hält!** *(Bei einer Lügengeschichte ist alles erlaubt und nichts unmöglich. Du musst es bloß mit Überzeugung und vollem Ernst behaupten, dann glaubt es dir vielleicht sogar jemand.)*

Hier ein paar mögliche Überschriften für dein Lügenmärchen:

— Wie ich für zwei Tage Bundeskanzler war und den „Schlönztag" als 8. Wochentag einführte.

— Wie ich meinen Eltern das High-Speed-Fliegen beibrachte, weil es umweltfreundlicher ist, als Auto zu fahren.

— Wie ich beschloss, in Erfahrung zu bringen, welche Geheimnisse sich in meinem linken Ohr verbergen und deswegen hineinkrabbelte.

Literatur lässt uns in neue, oft unbekannte Welten eintauchen. Manche Romane beschreiben Menschen und Geschichten, die es so oder ähnlich gibt, gab oder zumindest geben könnte. Bei anderen, etwa den verschiedenen Formen von Science-fiction, wissen wir: Das ist Fantasie; aber dies zu lesen kann trotzdem oder gerade deshalb faszinierend sein. Die Geschichten des Barons von Münchhausen (er soll vor über zweihundert Jahren wirklich in der Gegend von Braunschweig gelebt haben) sind so dick aufgetragene Lügengeschichten, dass man seinen Namen sprichwörtlich für frei erfundene Lügenmärchen verwendet. Erich Kästner hat nacherzählt, was Münchhausen erlebte, als er einmal bei einem türkischen Sultan in Kriegsgefangenschaft geriet:

Trotz meiner Tapferkeit und Klugheit und trotz meines [Pferdes] Schnelligkeit und Ausdauer geriet ich, nach einem Kampf mit einer vielfachen Übermacht, in Kriegsgefangenschaft. Und was noch schlimmer ist: Ich wurde als Sklave verkauft! Das war ein rechtes Unglück, und wenn meine Arbeit auch nicht gerade als Schwerarbeit zu bezeichnen war, so war sie nicht nur recht seltsam, sondern auch ein bisschen lächerlich oder ärgerlich, wie man will. Ich musste nämlich die Bienen des türkischen Sultans jeden Morgen auf die Weide treiben! Dort musste ich sie, als wären's Ziegen oder Schafe, den ganzen Tag über hüten. Und am Abend musste ich sie wieder in ihre Bienenstöcke zurückscheuchen. Eines Abends sah ich nun, dass zwei Bären eine der Bienen angefallen hatten und sie, ihres eingesammelten Honigs wegen, zerreißen wollten. Da ich nichts in der Hand hatte als meine silberne Axt, die das Kennzeichen für die Sultansgärtner ist, so warf ich die

Axt mit aller Wucht nach den beiden Räubern. Doch sie traf die Bären nicht, sondern flog an ihnen vorbei, stieg infolge des gewaltigen Schwungs höher und höher und fiel erst, wo glaubt ihr, nieder? Auf dem Mond!

Was tun? Wie sollte ich sie wiederkriegen? Wo gab es so lange Leitern? Zum Glück fiel mir ein, dass die türkischen Bohnen in kürzester Frist erstaunlich emporwachsen. Ich pflanzte sofort eine solche Bohne, und sie wuchs doch tatsächlich bis zum Monde hinauf und rankte sich um die eine Spitze der Mondsichel! Nun war es eine Kleinigkeit, hinaufzuklettern, und eine halbe Stunde später fand ich auch meine Axt wieder, die auf einem Haufen Spreu und Häcksel lag.

Ich war heilfroh und wollte schleunigst in die Türkei zurückklettern, aber ach! die Sonnenhitze hatte meine Kletterbohne völlig ausgetrocknet, und sie war zu nichts mehr zu gebrauchen! Ohne langes Federlesen flocht ich mir aus dem Mondhäcksel einen Strick, den ich an einem der Mondhörner festband. Dann ließ ich mich vorsichtig hinunter. Nach einiger Zeit hieb ich mit meiner silbernen Axt das überflüssig gewordene Stück über mir ab und knüpfte es unter mir wieder an. Das ging eine ganze Weile gut, aber mit einem Male, als ich noch in den Wolken hing, riss der Strick! Und ich stürzte mit solcher Gewalt auf Gottes Erdboden, dass ich etwa zehn Meter tief in die Erde hineinfiel! Mir taten alle Knochen weh. Doch nachdem ich mich etwas erholt hatte, grub ich mir mit den Fingernägeln, die ich glücklicherweise zehn Jahre nicht geschnitten hatte, eine Treppe ins Erdreich, stieg auf dieser hoch und kehrte zu meinen Bienen zurück.

— Erich Kästner, Münchhausen, Hamburg, 1992, S. 69–72

© Verlag an der Ruhr ✆ Postfach 102251 ✆ 45422 Mülheim an der Ruhr ✆ www.verlagruhr.de

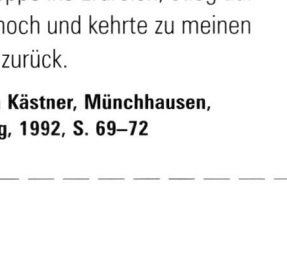

Vom **Lügen**
Betrügen
und der **Moral**

— Fortsetzung

„Münchhausen-Syndrom"

Der berühmte „Lügenbaron" hat unzählige Leser mit seinen Geschichten von fantastischen Erlebnissen und schrecklichen Schicksalsschlägen beeindruckt. Die Figur des Baron von Münchhausen erregt bei vielen Menschen Sympathie und Mitgefühl. Es gibt auch ein Krankheitsbild, das seinen Namen trägt, das so genannte „Münchhausen-Syndrom", und das ist gar nicht so lustig: Das Münchhausen-Syndrom ist eine schwere psychische Krankheit. Die Betroffenen wollen Aufmerksamkeit auf sich ziehen und Mitgefühl erregen. Dazu täuschen sie häufig schwere Krankheiten vor. Sie gehen soweit, Urinproben mit Blut oder Zucker zu verfälschen oder sogar Gift zu schlucken, um die Herz- oder Darmfunktion zu beeinflussen. Auffällig ist dabei ihr detailliertes medizinisches Wissen. Die Krankheit wird so raffiniert und glaubhaft vorgetäuscht, dass Krankenhäuser und Ärzte auf den Schwindel reinfallen, und es sogar vorkommt, dass vollkommen überflüssige Operationen vorgenommen werden. Dass die Betreffenden ihrer Gesund-

heit damit ganz massiv schaden, ist selbstredend.

Bisher weiß man noch viel zu wenig über die Ursachen des

Ein spezifisches Symptom der unter dem Münchhausen-Syndrom Leidenden ist die so genannte „Pseudologia phantastica". Das ist das Erzählen fantastischer Geschichten, also wie beim „Lügenbaron", nur eben auf die eigene Lebensgeschichte, Herkunft und Krankheit bezogen. Oft meinen die Betroffenen auch, es bliebe ihnen kaum anderes übrig, als zu kriminellen Methoden zu greifen und falsche Namen und Adressen anzugeben, da Krankenhäuser und Krankenkassen mehr und mehr auf dieses Phänomen aufmerksam werden und sich gegenseitig informieren.

Münchhausen-Syndroms. Fest steht, dass es sich um eine psychische Krankheit, eine Persönlichkeitsstörung, handelt. Sie ist nur schwer zu behandeln, weil die Patienten in der Regel nicht zu einer Therapie bereit sind.

„Baron von Münchhausen hat uns mit seinen Lügengeschichten viel Freude, Spaß und Vergnügen geschenkt. Die seelisch Kranken aber, die seinen Namen als Medizinbegriff tragen, vermitteln genau das Gegenteil. Und am heftigsten treffen sie sich selber. Das sollte man nicht vergessen, wenn man einmal in eine solche ungewöhnliche Situation mit hereingezogen wurde."

— Prof. Dr. med. Volker Faust, www.psychosoziale-gesundheit.net/ seele/muenchhausen.html

👁 Das Münchhausen-Syndrom ist ein extremes Beispiel dafür, dass Menschen versuchen, mit spektakulären Geschichten Aufmerksamkeit zu erregen. Kannst du dieses Bedürfnis nachvollziehen? Fallen dir (harmlosere) Beispiele für ein ähnliches Verhalten ein?

■ Vom **Lügen**
■ **Betrügen**
■ und der **Moral**

Alles Lüge

Es ist wahr, dass das Jahr über dreihundert Tage
In nur zweiundfünfzig Wochen schafft
Es ist wahr, es ist wahr, dass das Ausland
Viel mehr Ausländer als Deutsche hat
Es ist wahr, dass die Sonne nicht um die Erde
Und der Mond nicht um'n Fußball kreist
Es ist wahr, dass der Gründer von New York
Nicht Kamel oder Camel, sondern Stuyvesant heißt

Das ist wahr, das ist wahr
Aber sonst, aber sonst
Alles Lüge, alles Lüge, alles Lüge, alles Lüge

Es ist wahr, es ist wahr, die meisten Menschen
Wollen nicht in Dortmund leben, sondern in Essen
Es ist wahr, es ist wahr, dass die Kühe
Das Gras nicht rauchen, sondern fressen
Es ist wahr, es ist wahr
Dass Hamburg nicht die Hauptstadt von Mac Donalds ist
Es ist wahr, es ist wahr, dass der Papst zwar die Pille nicht nimmt
Aber trotzdem keine Kinder kriegt
Das ist wahr, das ist wahr
Aber sonst, aber sonst
Alles Lüge, alles Lüge, alles Lüge, alles Lüge

Selbst wenn du mich fragst, ob ich dich liebe und ich sag ja
Weiß ich manchmal nicht genau, ist das nun Lüge oder wahr
Weil ich oft gar nicht mehr weiß, was ist das: Liebe

Liebt der Papa sein Auto, liebt die Mama den Kaffee
Liebt das Baby seine Windeln wie der Weihnachtsmann den Schnee
Lieben Kinder Schokolade wie die Hausfrau den Herd

Oder ist da mehr, oder ist da mehr
Oder ist das, oder ist das, oder ist das
Alles Lüge, alles Lüge, alles Lüge, alles Lüge

— **Rio Reiser**

👁 **Hier ist der Anfang einer Geschichte, die „Nur gelogen" oder „Alles Lüge" heißen könnte. Schreib diese Geschichte weiter.**

„Ich gebe zu, dass alles meine Schuld ist. Denn es fällt mir schwer bei der Wahrheit zu bleiben. Das war schon immer so, seitdem ich denken kann. Und mal ganz ehrlich: Ist die Wahrheit nicht meist langweilig? Ich habe auf jeden Fall mehr Freude daran zu lügen. Und normalerweise schadet eine Lüge ja auch niemandem. Na ja, wie dem auch sei, hier ist meine Geschichte …"

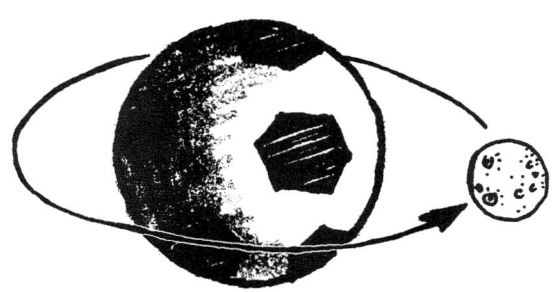

Vom **Lügen**
Betrügen
und der **Moral**

© Verlag an der Ruhr ✻ Postfach 102251 ✻ 45422 Mülheim an der Ruhr ✻ www.verlagruhr.de

Wie das Gedächtnis funktioniert

Gedächtnis: die Fähigkeit, Informationen zu speichern und bei Bedarf abzurufen. Menschen haben ein Ultrakurzzeitgedächtnis (bis 20 Sek.), ein Kurzzeitgedächtnis (bis zwei Std.) und ein Langzeitgedächtnis (bis lebenslang). Die Gedächtnisleistung hängt von Inhaltsmerkmalen ab (logische Ordnung, Strukturierbarkeit, leichte Assoziierbarkeit), von der Zahl der Wiederholungen und deren zeitlicher Verteilung (die Interferenz verschiedener Inhalte führt zu Gedächtnishemmung). Weiter hängt sie von subjektiven Faktoren ab wie Gedächtnistyp (visuell, akustisch oder motorisch), Ermüdungsgrad, Bedürfnissen, Interessen usw. des Lernenden. Tiefenseelische Mechanismen können zu unwillkürlichem Erinnern oder Vergessen sowie zu Gedächtnistäuschungen führen.

Physiologisch ist das Gedächtnis an die Nervenzellen der Hirnrinde gebunden. Bei Gedächtnisprozessen finden biochemische Abläufe an den Nucleinsäuren dieser Zellen statt.

Zeugenaussagen von Kindern und Minderjährigen

Im Text auf Seite 21 wird mit dem ersten Beispiel ein sehr schwieriges Thema angeschnitten: Die Glaubhaftigkeit der Zeugenaussagen von Kindern oder Jugendlichen im Zusammenhang mit sexuellem Missbrauch. Einzelne Fälle, in denen der Vorwurf des Missbrauchs tatsächlich nicht der Wahrheit entsprach, bestätigen, dass es generell immer sinnvoll ist, die Wahrheit von Zeugenaussagen in Frage zu stellen. Den Medien der letzten 10 Jahre ist allerdings vorzuwerfen, dass sie diese Ausnahmefälle viel zu sehr in den Vordergrund gerückt haben:

„Wenn der öffentliche Eindruck entsteht, dass es weit weniger tatsächliche Fälle von sexuellem Kindesmissbrauch gibt als erfundene und dass die meisten Opfer unter falschen Einbildungen leiden, die ihnen ein gewinnsüchtiger Psychologe oder Therapeut eingeredet hat, wird der tatsächliche sexuelle Kindesmissbrauch schon sehr bald wieder zum bestgetarnten Verbrechen der Welt."

— Karin Jäckel, „Helfermafia" und „Fürsorgestasi" – Über den „Missbrauch mit dem Missbrauch" *in:* Katharina Klees und Wolfgang Friedebach (Hrsg.), **„Hilfen für missbrauchte Kinder", 1997, Beltz Verlag.**
Der Beitrag ist auch im Internet zu finden unter: **www.karin-jaeckel-autorin.de/ report/missbrauch.html**

Projektvorschlag

◎ Schaut euch die Zeugenaussagen in den folgenden Texten auf S. 20/21 genau an. Wie kommt es, dass uns die Erinnerung öfters täuscht?

◎ Bildet 5er- oder 6er-Gruppen und befragt die Polizei, einen Richter, eine Rechtsanwältin oder jemanden, der schon einmal als Zeuge vor Gericht ausgesagt hat, zu Erfahrungen mit der Wahrheitsfindung vor Gericht. Dazu müsst ihr erst um einen kurzen Interview-Termin bitten. Vielleicht kennt ihr im Verwandten- oder Bekanntenkreis jemanden, der bei der Polizei oder im Gericht arbeitet und euch weiterhelfen kann. Sonst könnt ihr telefonisch oder schriftlich anfragen, ob sich jemand für eure Umfrage zur Verfügung stellt.

◎ Dokumentiert eure Umfrageergebnisse als Plakat („So war es" – „So sah es Zeuge A" – „So sah es Zeuge B") oder als nachgespielte Gerichtsverhandlung. Überlegt, aus welchen Ursachen Menschen unterschiedlich aussagen.

◎ Möglicherweise könnt ihr auch eine Gerichtsverhandlung besuchen: Viele Verhandlungen sind öffentlich. Ruft bei „eurem" Gericht an und erkundigt euch nach Terminen und Besuchsmöglichkeiten.

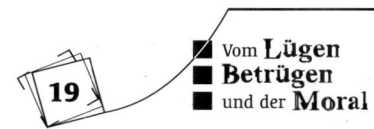

19 Vom **Lügen** ■ **Betrügen** ■ und der **Moral**

— Fortsetzung

Ex-Junkie steht wegen Raubmord in einem Lottoladen vor Gericht

Fassungslos starrt Gisela H. den Angeklagten an und nickt dann verzweifelt: „Das ist er." Fünf Minuten später lässt sie bei ihrer Aussage eine Frage unbeantwortet, „weil ich das nicht mehr weiß", und weil „ich niemanden belasten will, wenn er es nicht war".

Der Ehemann von Gisela H. wurde ermordet – in ihrem Beisein, im gemeinsamen Lottoladen. Zwei Männer überfielen im Dezember 1996 das Geschäft am Mundsburger Damm und verlangten Geld. Als der Schäferhund der Eheleute zu bellen begann, da „rastete der eine total aus", sagt Gisela H. Immer wieder stach er mit dem Messer auf Helmut H. ein. Der verblutete. Gisela H. wurde durch Messerstiche schwer verletzt. 20 Monate später steht nun der mutmaßliche Täter Christian K. vor dem Landgericht, und Gisela H. steckt in einem Zwiespalt. Da ist zum einen der verzweifelte Wunsch nach Vergeltung und die Angst, dass niemand für die schreckliche Tat zur Verantwortung gezogen wird. Zum anderen hat sie aber auch Angst, jemand unschuldig ins Gefängnis zu schicken. Denn die Indizien sind widersprüchlich. Damals bei der Polizei, „unter Schock", wie

Gisela H. betont, hat sie den Messerstecher als eher klein und kräftig beschrieben. Christian K. ist ein hochgeschossener, hagerer Mann. Und seine Zähne, so sagte sie damals, seien „auffallend weiß und schön". Der Ex-Junkie K. hat mehrere Zahnlücken. Eindeutig wiedererkannt habe sie jedoch seine Augen, sagt sie nun. Bei seiner Verhaftung diesen Februar hatte Christian K. ein Geständnis abgelegt.

Mittlerweile hat er es widerrufen. Vor Gericht verweigerte er gestern jegliche Aussage. Gegenüber der Polizei hatte K. noch seine Beteiligung an dem Raubmord eingeräumt, hatte sogar den Namen seines angeblichen Komplizen genannt. Der wurde verhaftet, dann mangels Beweisen freigelassen.

Auf Christian K. war die Polizei über einen Hinweis seiner Ex-Freundin gekommen. Ihr habe er anvertraut, etwas mit der Tat zu tun gehabt zu haben, berichtete sie im November 1997. Das gestand er der Freundin auch ein zweites Mal – nach seiner Festnahme, in einem Brief, den er ihr aus dem Untersuchungsgefängnis schrieb. Zwei Wochen später schrieb er erneut. Diesmal bezeichnete er sein Geständnis als „Lüge". Der Prozess wird fortgesetzt.

— Elke Spanner: Wahrheit oder Lüge, taz-HAMBURG, Nr. 5617, Seite 21, vom 25.8.1998

Spielvorschlag:

„Geschichten-Stille-Post"
Fünf gehen vor die Tür.
Dem ersten, der wieder hereinkommt, wird eine Geschichte (ein Mord, ein Banküberfall, ein Unfall,...) erzählt oder vorgelesen; dieser erzählt die Geschichte weiter an den nächsten, der hereinkommt usw. Die anderen beobachten, ob und wie die Geschichte sich verändert.

© Verlag an der Ruhr ✻ Postfach 102251 ✻ 45422 Mülheim an der Ruhr ✻ www.verlagruhr.de

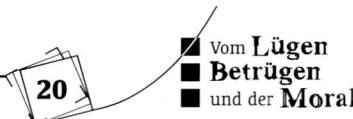

— Fortsetzung

Das Gehirn lügt nicht,
… aber die Erinnerung täuscht sich

Ein 50-jähriger Beamter aus dem Taunus war in erster Instanz vom Amtsgericht wegen Missbrauchs eines zweijährigen Mädchens verurteilt worden. Das Landgericht Wiesbaden sprach den Mann in zweiter Instanz frei. Begründung: Ob die Erinnerungen des Kindes der Wahrheit entsprächen oder ihm erst von einer umstrittenen Gutachterin suggeriert worden seien, lasse sich nicht mehr klären.

Solche Fälle sind inzwischen auch hierzulande nicht selten. In den USA haben sogar mit therapeutischer Nachhilfe „wiedergefundene Erinnerungen" zu einer Welle von Schadensersatzforderungen geführt.

Wie leicht sich falsche Erinnerungen ins Gedächtnis schleichen, bewies die Psychologin Elizabeth Loftus von der Universität Washington schon vor einigen Jahren: Sie ließ eingeweihte Verwandte in einem Versuch agieren. Denen gelang es in jedem vierten Fall jungen Familienmitgliedern weiszumachen, sie seien einmal als Kind in einem Einkaufszentrum verloren gegangen. Die „Verloren gegangenen" glaubten das nicht nur, sondern schmückten die fiktive Geschichte in der Folge sogar mit Details aus und hielten sie fortan für authentische eigene Erinnerungen.

Wenn sich schon das eigene Gedächtnis so leicht beeinflussen lässt — was ist dann später „die Wahrheit"?

An der Universität Missouri kann ein Forscherteam nun mit Hilfe des EEG richtige von falschen Erinnerungen unterscheiden — wenn auch vorläufig nur im Laborversuch. Die Psychologen Monica Fabiani, Michael Stadler und Peter Wessels führen zunächst mit einem bewährten Forschertrick das Gedächtnis in die Irre: Sie lassen ihre Probanden mehrere Dutzend hintereinander auf einem Bildschirm aufleuchtende Wörter lernen, etwa Glas, Sims, Scheibe, Vorhang, Aussicht, Rahmen. In einer zweiten Testphase werden die Versuchspersonen abermals mit Wörtern konfrontiert und müssen entscheiden, ob diese neuen Vokabeln schon unter den bereits gelernten waren oder nicht: Stand etwa „Fenster" auf der Monitor-Liste? Ja, behaupten die meisten Testteilnehmer und enthüllen damit eine falsche Erinnerung. „Fenster" war zuvor nie aufgetaucht, doch viele der gezeigten Begriffe weckten Assoziationen daran.

Dennoch, so die Grundidee des Teams, unterscheidet das Gehirn zwischen bekannten Wörtern und den trickreich ins Spiel gebrachten „falschen Zielen". Denn beim Erinnern werden, der Theorie nach, im Hirn gespeicherte Sinneseindrücke wieder aktiviert — für die falschen Ziele kann es solche Speicher-Nachrichten nicht geben, da sie nicht gezeigt wurden. [...]

— **Jochen Paulus, Bild der Wissenschaft, 4/2002, S. 65**

„… ich schwöre, dass ich die Wahrheit sage, die ganze Wahrheit und nichts als die Wahrheit."

Spielvorschlag:

„Gegenstände-Memory"
Teilt euch in Zweiergruppen auf: einer verteilt Gegenstände aus der Schultasche auf dem Tisch; der andere hat 20 Sekunden Zeit, sich alles einzuprägen. Dann dreht er sich um und muss Fragen zu dem beantworten, was er gesehen hat. Danach tauscht ihr die Rollen! Das geht auch mit Bildern!

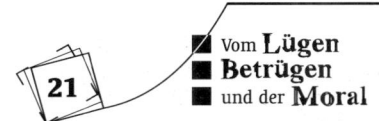

Vom **Lügen**
Betrügen
und der **Moral**

April, April?

„Wer noch einen Bestellschein für einen Trabi hat, möge sich bitte bei der jeweiligen Zulassungsstelle melden; die Fahrzeuge sollen jetzt abgeholt werden." So war es im Radio zu hören. Viele völlig überraschte Zuhörerinnen und Zuhörer meldeten sich bei dem Lokalsender. Wieso denn sollten sie jetzt, über sechs Jahre nach der Wende, einen Trabi kaufen, sie hätten ja gar nicht gewusst, dass die vor Jahren aufgegebene Bestellung noch gültig ist. Müssten sie den Trabant jetzt nehmen, auch ungewollt?

Die immer gleiche Antwort auf die besorgten Fragen:

„April, April! Wir haben Sie reingelegt!"

Am ersten April 1996 gelang es einem Radiosender [...] in Mecklenburg-Vorpommern, mit diesem Scherz für viel Verwirrung zu sorgen und für noch mehr Belustigung.

Jahr für Jahr ist es das gleiche Spiel: Mit diebischer Freude schicken wir andere in den April, fast sämtliche Medien führen uns mit wenigstens einer Scherz-Meldung an der Nase herum. Wie kommt es zu diesen närrischen Bräuchen, die seit dem 17. Jahrhundert nachgewiesen sind?

👁 Achte am 1. April darauf, ob im Radio April-Lügen verbreitet werden und suche in der Zeitung nach unsinnigen oder unglaubwürdigen Artikeln, die du für einen Aprilscherz hältst (am 2. April steht meist in der Zeitung, welcher Artikel ein Scherz war).

👁 Stellt aus den gesammelten Geschichten eine Hitparade der Lügen zum 1. April zusammen.

👁 Überlegt euch selbst einen guten Aprilscherz, mit dem man die Leute erfolgreich auf den Arm nehmen kann.

Ein Ursprung für den Aprilscherz könnte sein, dass der erste April als der Geburtstag von Judas Iskariot gilt. Judas gehörte zu den engsten Freunden von Jesus; er war dessen Jünger. Für Bestechungsgeld lieferte er Jesus den Obrigkeiten aus. Durch eine Lüge und einen Kuss. Mit diesem Verrat des Judas begann der Prozess gegen Jesus, der ihn schließlich ans Kreuz brachte. Ein ganz schön ernster Hintergrund für den Aprilscherz. Und doch, wie ich finde, ein sehr weiser. Judas steht dafür, wie zerstörerisch Lüge und Betrug sein können, auch wie selbstzerstörerisch. Ihn führen Bestechung und Verrat geradewegs in die Katastrophe. Er begeht Selbstmord, als ihm die Folgen seiner Tat bewusst werden.

Am ersten April ist also erlaubt, was sonst so viel kaputt macht: Wir dürfen nach Herzenslust lügen und betrügen. Zu Beginn des trügerischen und wetterwendischen vierten Monats tun wir auf spielerische Art das, was die anderen 364 Tage im Jahr unsere Beziehungen bedroht. Wir versuchen Lug und Trug zu bannen, indem wir sie für einen Tag zulassen. Durch die Erlaubnis, einen Tag lang lügen zu dürfen, soll uns die Wahrheit an den anderen Tagen leichter fallen. Am ersten April erhalten die Lügen ein Ventil. Am ersten April spüren wir die Lust, andere reinzulegen. Dunkle Seiten in uns bekommen für 24 Stunden einen Freiraum.

— Tilman Jeremias: Das Wort zum Sonntag vom 31. März 2001

© Verlag an der Ruhr ✎ Postfach 102251 ✎ 45422 Mülheim an der Ruhr ✎ www.verlagruhr.de

Vom **Lügen**
Betrügen
und der **Moral**

Wahrheit kontra Nutzen

Projektvorschlag:

◎ Erarbeitet die Texte von John Stuart Mill (S. 25) und Immanuel Kant (S. 26) in zwei Gruppen:

Jede Gruppe klebt eine Kopie ihres Textes auf die Mitte eines DIN-A3-Blattes (oder auf die weiße Rückseite eines großen Plakats).

Die Kommentare auf S. 24 sollen euch helfen, die wichtigsten Aussagen des Textes besser zu verstehen.

Am besten ist es, wenn zunächst jeder für sich den Text und auch die Kommentare liest.

Einigt euch in der Gruppe, welcher Kommentar sich auf welche Textstelle bezieht. Schneidet nun die Kommentare aus und klebt sie so neben den Text, dass ihr sie z.B. mit einem Pfeil der richtigen Textstelle zuordnen könnt.

Ihr könnt eigene Ergänzungen, Kommentare und Ideen hinzufügen.

◎ **Aufgabe Gruppe 1**
(John Stuart Mill):
**Welche Ausnahmesituationen nennt Mill, in denen die Wahrheit verschwiegen werden darf?
Findet für jede dieser Ausnahmen ein konkretes Beispiel.
Das Beispiel kann entweder etwas tatsächlich von euch Erlebtes oder eine erfundene Situation sein.**

> **Die Wahrheit ist dem Menschen zumutbar.**
> — *Ingeborg Bachmann*

◎ **Aufgabe Gruppe 2**
(Immanuel Kant):
Kant gibt ein Beispiel dafür, dass eine Notlüge, mit der ein Mensch eigentlich gerettet werden soll, zum genauen Gegenteil führen kann. Das Beispiel beginnt:
Ein Mörder fragt dich, ob das Opfer, das er sich für seinen nächsten Mord ausgesucht hat, zu Hause sei. Du glaubst, das Opfer sei tatsächlich zu Hause. Du antwortest dem Mörder: …

Schreibt in eigenen Worten weiter, was (Kant's Meinung nach) passieren kann, wenn man die Wahrheit sagt („Ja, ich glaube die Person ist zu Hause.") und was, wenn man lügt („Nein, ich glaube die Person ist nicht zu Hause.").

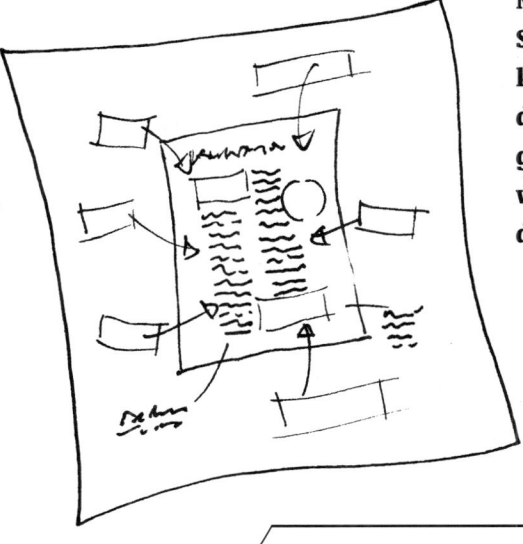

◎ **Die erste Gruppe (John Stuart Mill) stellt ihren Text vor. Fasst dazu die Hauptaussagen noch einmal in eigenen Worten zusammen. Erklärt die von Mill genannten Ausnahmesituationen anhand der von euch gefundenen Beispiele.**

◎ **Die zweite Gruppe (Immanuel Kant) stellt nun ihren Text vor. Erklärt das von euch erarbeitete Beispiel.**

◎ **Führt eine Diskussion über die von Gruppe 1 genannten Beispiele, nutzt dazu die Argumente von Mill und von Kant:
Darf in dieser Situation gelogen werden?
Warum?/Warum nicht?
Welches Verhalten nutzt der Menschheit insgesamt mehr?
Stellt euch die Situation konkret vor: Angenommen, in dieser Situation würde gelogen/die Wahrheit gesagt – welche Konsequenzen könnte das haben?**

© Verlag an der Ruhr ✎ Postfach 102251 ✎ 45422 Mülheim an der Ruhr ✎ www.verlagruhr.de

23

■ Vom **Lügen**
■ **Betrügen**
■ und der **Moral**

— Fortsetzung

Kommentare zu *John Stuart Mill*

(Text: Das Nützlichkeitsprinzip)

> Die Wahrhaftigkeitsliebe ist eine gute und nützliche Eigenschaft.

> Unwahrheiten zerstören das Vertrauen.

> Auf Vertrauen basiert unser Leben.

> Grundsätzlich gilt: Wer gegen die Wahrheit verstößt, schadet der Menschheit. Es gibt Ausnahmen, in denen die Wahrheit verschwiegen oder geleugnet werden kann, weil die Unwahrheit nützlich ist.

> Die Ausnahme darf auf keinen Fall zur Regel werden.

> Das Nützlichkeitsprinzip funktioniert nur, wenn Wahrheit und Unwahrheit klar voneinander abgegrenzt sind. In jeder Situation muss sorgfältig gegeneinander abgewogen werden, ob Wahrheit oder Unwahrheit der Menschheit von größerem Nutzen ist.

Kommentare zu *Immanuel Kant*

(Text: Wahrhaftigkeit ist unbedingte Pflicht!)

> Sind Notlügen erlaubt?

> Ist der Mensch in Notsituationen und aus Menschenliebe nicht sogar zur Notlüge verpflichtet?

> Wahrhaftigkeit, d.h. die Wahrheit zu sagen, ist Pflicht – in jeder Situation.

> Es geht nicht darum, ob die Lüge einer bestimmten Person schadet oder nützt – eine Lüge ist immer unrecht. Lügen schadet der Menschheit insgesamt.

> Wer lügt, macht sich unter Umständen strafbar, denn er beeinflusst mit unrechten Mitteln den Lauf der Dinge.

> Wer bei der Wahrheit bleibt, kann nicht für das, was passiert zur Verantwortung gezogen werden.

> Es darf keine Ausnahme geben, es muss immer die Wahrheit gesagt werden. Räumte man auch nur eine Ausnahme ein, gäbe es bald weitere Ausnahmen und die Pflicht zur Wahrhaftigkeit würde kaum noch ernst genommen.

© Verlag an der Ruhr ✎ Postfach 102251 ✎ 45422 Mülheim an der Ruhr ✎ www.verlagruhr.de

■ Vom **Lügen**
■ **Betrügen**
■ und der **Moral**

Das Nützlichkeitsprinzip *(John Stuart Mill)*

> **Prinzip** [lat.] *das;* [...] a) Regel, Richtschnur;
> b) Grundlage, Grundsatz; c) Gesetzmäßigkeit,
> Idee, die einer Sache zugrunde liegt, nach
> der etwas wirkt; Schema, nach dem etwas
> aufgebaut ist.

Aber insofern die Ausbildung und Pflege einer strikten Wahrhaftigkeitsliebe eines der nützlichsten und ihre Schwächung eines der schädlichsten Dinge ist, zu denen unser Verhalten führen kann, und insofern jede und sei es auch unbeabsichtigte Abweichung von der Wahrheit dazu beiträgt, jene Vertrauenswürdigkeit menschlicher Äußerungen zu erschüttern, von der alles gesellschaftliche Wohlergehen, das wir gegenwärtig vorfinden, abhängt und die die schlechthin unerlässliche Voraussetzung von Kultur, Sitte – kurz: allem – ist, worauf menschliches Glück im weitesten Sinne beruht, insofern fühlen wir, dass es nicht nützlich sein kann, eine Regel von so überragender Nützlichkeit um eines kurzfristigen Vorteils willen zu verletzen, und dass derjenige, der um eines Vorteils für sich selbst oder einen anderen willen das Seinige dazu beiträgt, der Menschheit den Schaden anzutun und das Gut zu nehmen, das ein Mehr oder Weniger an gegenseitigem Vertrauen bedeutet, die Rolle ihres schlimmsten Feindes spielt. Es wird jedoch von allen Ethikern zugestanden, dass selbst diese so unantastbare Regel Ausnahmen zulässt, besonders dann, wenn das Verschweigen einer Wahrheit – indem man etwa einem Übeltäter eine Auskunft verweigert oder einem Schwerkranken eine schlechte Nachricht vorenthält – jemanden, zumal einen anderen als sich selbst, vor großem unverschuldeten Unglück bewahrt, und wenn dieses Verschweigen nur durch Ableugnen erfolgen kann. Damit die Ausnahme jedoch auf das unbedingt Notwendige beschränkt bleibt und das gegenseitige Vertrauen so wenig wie möglich geschwächt wird, sollte man sie als Ausnahme anerkennen und, wenn möglich, in ihren Grenzen bestimmen. Wenn das Nützlichkeitsprinzip zu irgendetwas gut ist, dann muss es diese sich widerstreitenden Nützlichkeiten gegeneinander abwägen und die Bereiche eingrenzen können, in denen die eine oder die andere überwiegt.

— John St. Mill, Der Utilitarismus, Stuttgart 1976, S. 39 f.

> **John Stuart Mill**
> (London 20.5.1806 – Avignon 8.5.1873) britischer Philosoph und Volkswirtschaftler. Mill's Ethik, der Utilitarismus, misst den moralischen Wert einer Handlung an ihren Folgen.

> **Utilitarismus** *der;* philosophische Lehre, die im Nützlichen die Grundlage des sittlichen Verhaltens sieht und ideale Werte nur anerkennt, sofern sie dem einzelnen oder der Gemeinschaft nützen.

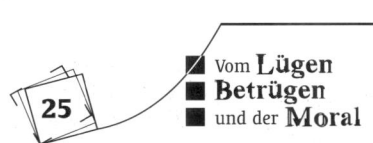

Vom **Lügen**
Betrügen
und der **Moral**

Wahrhaftigkeit ist unbedingte Pflicht!

(Immanuel Kant)

Immanuel Kant
(Königsberg 22.4.1724 – 12.2.1804) Philosoph. Kant versteht den „kategorischen Imperativ" als oberstes Prinzip der Moral: „Handle nur nach derjenigen Maxime [Lebensregel], durch die du zugleich wollen kannst, dass sie allgemeines Gesetz werde."

Nun ist die erste Frage: ob der Mensch, in Fällen, wo er einer Beantwortung mit Ja oder Nein nicht ausweichen kann, die Befugnis (das Recht) habe, unwahrhaft zu sein. Die zweite Frage ist: ob er nicht gar verbunden sei, in einer gewissen Aussage, wozu ihn ein ungerechter Zwang nötigt, unwahrhaft zu sein, um eine ihn bedrohende Missetat an sich oder einem anderen zu verhüten.

Wahrhaftigkeit in Aussagen, die man nicht umgehen kann, ist formale Pflicht des Menschen, gegen jeden, es mag ihm oder einem andern daraus auch noch so großer Nachteil erwachsen; und, ob ich zwar dem, welcher mich ungerechterweise zur Aussage nötigt, nicht Unrecht tue, wenn ich sie verfälsche, so tue ich doch durch eine solche Verfälschung, die darum auch (obzwar nicht im Sinne des Juristen) Lüge genannt werden kann, im Wesentlichsten Stücke der Pflicht überhaupt Unrecht [...].

Die Lüge also, bloß als vorsätzlich unwahre Aussage gegen einen andern Menschen definiert, bedarf nicht des Zusatzes, dass sie einem anderen schaden müsse [...]. Denn sie **schadet** jederzeit einem anderen, wenngleich nicht einem andern Menschen, doch **der Menschheit** überhaupt, indem sie die Rechtsquelle unbrauchbar macht.

Diese gutmütige Lüge kann aber auch durch einen Zufall (casus) strafbar werden, nach bürgerlichen Gesetzen; was aber bloß durch den Zufall der Straffälligkeit entgeht, kann auch nach äußeren Gesetzen als Unrecht abgeurteilt werden.

Wer also lügt, so gutmütig er dabei auch gesinnt sein mag, muss die Folgen davon, selbst vor dem bürgerlichen Gerichtshofe, verantworten und dafür büßen: so unvorhergesehen sie auch immer sein mögen; weil Wahrhaftigkeit eine Pflicht ist, die als die Basis aller auf Vertrag zu gründenden Pflichten angesehen werden muss, deren Gesetz, wenn man ihr auch nur die geringste Ausnahme einräumt, schwankend und unnütz gemacht wird.

Es ist also ein heiliges, unbedingt gebietendes, durch keine Konvenienzen einzuschränkendes Vernunftgebot: in allen Erklärungen wahrhaft (ehrlich) zu sein.

— Immanuel Kant: Über ein vermeintliches Recht, aus Menschenliebe zu lügen, *in:* I. Kant, Werke in 10 Bänden (Hrsg. W. Weischedel), Bd. 7, Darmstadt 1983, S. 638

Hast du nämlich einen eben itzt mit Mordsucht Umgehenden durch eine Lüge an der Tat verhindert, so bist du für alle Folgen, die daraus entspringen möchten, auf rechtliche Art verantwortlich. Bist du aber strenge bei der Wahrheit geblieben, so kann dir die öffentliche Gerechtigkeit nichts anhaben; die unvorhergesehene Folge mag sein welche sie wolle. Es ist doch möglich, dass, nachdem du dem Mörder, auf die Frage, ob der von ihm Angefeindete zu Hause sei, ehrlicherweise mit Ja geantwortet hast, dieser doch unbemerkt ausgegangen ist, und so dem Mörder nicht in den Wurf gekommen, die Tat also nicht geschehen wäre; hast du aber gelogen, und gesagt, er sei nicht zu Hause, und er ist auch wirklich (obzwar dir unbewusst) ausgegangen, wo denn der Mörder ihm im Weggehen begegnete und seine Tat an ihm verübte: so kannst du mit Recht als Urheber des Todes desselben angeklagt werden. Denn hättest du die Wahrheit, so gut du sie wusstest, gesagt: so wäre vielleicht der Mörder über dem Nachsuchen seines Feindes im Hause von herbeigelaufenen Nachbarn ergriffen, und die Tat verhindert worden.

© Verlag an der Ruhr ✏ Postfach 102251 ✏ 45422 Mülheim an der Ruhr ✏ www.verlagruhr.de

Vom **Lügen**
Betrügen
und der **Moral**

Das Rasiermesser meines Vaters

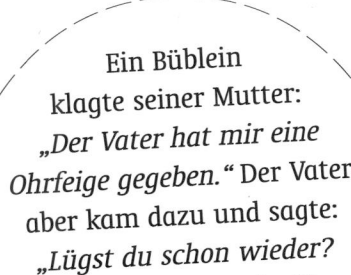

[Mein Vater] benutzte das Messer nicht zum Rasieren, sondern bewahrte es nur in der mit Seidenpapier ausgelegten Schachtel auf, in der er es gekauft hatte. Die handwerkliche Ausführung und die feinen Materialien beeindruckten ihn, und er zeigte es oft her, wenn jemand zu Besuch kam, und forderte die Leute auf, es zu bewundern. Als er mit seinem gebrochenen Bein im Krankenhaus lag, nahm ich das Rasiermesser, um damit ein Stück Holz zu bearbeiten. Guter Dinge legte ich los. Als ich nach einiger Zeit die Klinge inspizierte, sah ich, dass die Schneide ausgezackt war wie ein Sägeblatt. Ich wagte nicht, das Messer wieder an seinen Platz zu legen, weil **ich wusste, was mir blühen würde,** wenn mein Vater es so entdeckte. Voller Angst warf ich das Rasiermesser in den Stausee. Es dauerte Monate, bis mein Vater das Fehlen des Messers bemerkte.

Glücklicherweise war gerade Hora bei uns, als es soweit war. Mein Vater suchte nach dem Rasiermesser, vermutete aber bald, dass ich für sein Verschwinden verantwortlich war. Er fragte mich, wo es sei. Ich antwortete ihm, dass ich es nicht wüsste. Als er mich noch einmal fragte, wusste er, dass ich log.

„Raimond, das Rasiermesser ist nicht wichtig, **aber du darfst nicht lügen. Das ist schlimmer als alles andere. Sogar wenn du das Haus niederbrennst, musst du mir die Wahrheit sagen. Wenn du das tust, wird es keinen Ärger geben."** Er sprach ganz ruhig.

Ich wusste, dass meinem Vater Ehrlichkeit über alles ging und dass er nie willentlich lügen würde, konnte aber nur schwer glauben, dass ich der Strafe entkommen würde, wenn ich zugab, mit seinem geliebten Rasiermesser an einem Stück Holz herum-

geschnitzt zu haben. Als er sagte, dass ich, sogar wenn ich das Haus niedergebrannt hätte, nicht bestraft werden würde, sofern ich es aus freien Stücken zugab, **konnte ich ihm einfach nicht glauben.** Also bestritt ich weiter jedes Wissen um den Verbleib des Rasiermessers.

Die Wut meines Vaters hatte drei Ursachen: Erstens wusste er, dass ich log. Zweitens machte er sich Sorgen wegen meines Charakters. Und drittens war er über den Verlust seines wertvollen Messers bestürzt.

Er schlug so fest zu, dass es mir trotz des ganzen Spektakels und Aufruhrs tatsächlich in dem Augenblick, in dem er mich schlug, mehr weh tat als nachher.

Innerhalb weniger Minuten ging Hora dazwischen. *„Komm, Gaita! Das ist jetzt genug!"*

Mein Vater ignorierte ihn, war aber ausreichend abgelenkt, um seine Umklammerung zu lösen. Ich riss mich los und rannte aus dem Haus auf die Weiden, wo ich blieb, bis es dunkel war. Erst nachdem mein Vater mehrmals nach mir in die Dunkelheit hinaus gerufen hatte, ging ich ins Haus zurück. Ich wusste, dass er mich nicht zum Essen rufen und dann schlagen würde – zumindest solange er seine Wut bezähmte –, und vertraute darauf, dass Hora mich schützen würde, wenn er die Beherrschung verlor. Mein Vater suchte den ganzen nächsten Tag lang nach seinem Rasiermesser. Ich blieb wieder auf den Weiden, weil ich wusste, dass er jederzeit einen Wutanfall bekommen konnte.

Er hat mich jahrelang nach dem Rasiermesser gefragt. Ich habe ihm nie gesagt, was ich damit gemacht habe.

— Raimond Gaita, Romulus, mein Vater, Salzburg-Frankfurt-Wien (Residenz-Verlag) 2001, S. 54–56

Ein Büblein klagte seiner Mutter: *„Der Vater hat mir eine Ohrfeige gegeben."* Der Vater aber kam dazu und sagte: *„Lügst du schon wieder? Willst Du noch eine?"*

— Johann Peter Hebel: Die Ohrfeige

In der Geschichte heißt es, die Wut des Vaters hatte drei Ursachen. Welche Ursachen sind das?

Der Vater macht sich Sorgen um den Charakter des Erzählers Raimond. Was ist damit gemeint?

Welches ist deiner Meinung nach die Hauptursache dafür, dass der Vater Raimond schlägt?

Warum fragt der Vater seinen Sohn noch Jahre später nach dem Rasiermesser und warum sagt Raimond seinem Vater nicht die Wahrheit?

© Verlag an der Ruhr ✂ Postfach 102251 ✂ 45422 Mülheim an der Ruhr ✂ www.verlagruhr.de

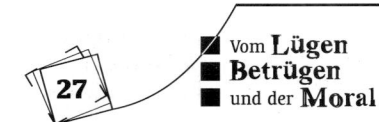
Vom **Lügen** ■ **Betrügen** ■ und der **Moral**

Lesefutter für und von Lügnern

Pettersson und Findus

Pettersson ging in den Hühnerhof und grub eine Rinne. Die Hühner blieben vorm Zaun stehen. *„Da gibt's keinen einzigen Regenwurm mehr. Wir haben schon alle aufgefressen"*, sagte Prillan, das Oberhuhn. Sie war es, die unter den Hühnern zu bestimmen hatte.

> **Wer einmal lügt, dem glaubt man nicht – und wenn er auch die Wahrheit spricht.**
> — Sprichwort

„Doch, doch", sagte Pettersson, *„hier wimmelt es von Würmern. Kommt nur rein."*

„Wenn wir reinkommen, sperrst du uns ein, und dann kommen wir nicht wieder raus", sagte Prillan.

Pettersson verstummte, denn genau das hatte er vorgehabt. Nach einer Weile sagte er etwas verlegen:

„Aber das wollte ich doch gar nicht tun …"

Da schrie Findus, so laut er konnte: *„DER FUCHS KOMMT!"*

Und mit einem einzigen gackernden Geflatter waren alle Hühner innerhalb des Zaunes. Pettersson lief hinaus und sperrte zu.

„Haha, seid ihr leicht reinzulegen!", sagte Findus lachend. *„Das war meine Rache, weil ihr mein Fleischklößchen aufgefressen habt!"*

„Du hast uns reingelegt, Pettersson", heulten die Hühner.

„Du hast uns eingesperrt, obwohl du gesagt hast, du willst es nicht tun."

> **Literaturtipp:**
> *Regina Spirgatis-Budnick:*
> **Literatur-Werkstatt:**
> **„Wie Findus zu Pettersson kam".** Verlag an der Ruhr.

„Aber sonst macht ihr doch alles kaputt", sagte Pettersson, *„In ein paar Tagen lass ich euch wieder raus. Und wenn ich irgendwo Würmer finde, bring ich sie euch."*

— **Sven Nordquist, Aufruhr im Gemüsebeet, Hamburg 1991**

> **Buchtipp:**
> *Rafik Schami:*
> **Der ehrliche Lügner.**

Rafik Schami, ein Erzähler in der besten orientalischen Tradition, entführt die Leser in seinem „Roman von tausendundeiner Lüge" in das sagenhafte Land Morgana. Sadik, der Geschichtenerzähler, hat hier seine Kindheit verbracht und er benötigt nicht tausendund-eine Nacht, um der Wahrheit näher-zukommen, sondern er versucht es mit tausendundeiner Lüge: „Ich heiße Sadik, aber nicht einmal das ist sicher." So beginnt er eine Ge-schichte voller Überraschungen. Jeden Abend erzählt Sadik eine abenteuerliche Geschichte von seinen 93 Onkeln und Tanten, den Bewohnern der alten Stadt Morgana, vom Briefträger Elias und Rockefel-lers Brief aus Amerika oder von Onkel Josef, der für die Kinder das Eis von den Bergen holte, als es noch rein war. In Sadiks Erinnerung mischen sich seine Geschichten mit dem Leben der alten Stadt Morgana. So erinnert er sich auch an den Circus India, der mit seinen Tieren eines Tages nach Morgana kam und we-gen des Bürgerkriegs für lange Zeit bleiben musste. Ohne den Circus hätte Sadik die Geschichten vielleicht nie erzählt. Oder war es seine Liebe zu Mala, der Seiltänzerin, die ihn zum Erzähler machte?

👁 **Welches Problem taucht auf, wenn Findus das nächste Mal vor dem Fuchs warnt?**

© Verlag an der Ruhr ❀ Postfach 102251 ❀ 45422 Mülheim an der Ruhr ❀ www.verlagruhr.de

Vom **Lügen**
Betrügen
und der **Moral**

2.

Täuschung
Vertrauensmissbrauch
Betrug

Der Selbstbetrug ist der häufigste Betrug und auch der schlimmste.
— *Jakob Boßhart, schweizer. Schriftsteller*

„Optimierte" Lebensmittel

© Verlag an der Ruhr ✏ Postfach 102251 ✏ 45422 Mülheim an der Ruhr ✏ www.verlagruhr.de

So echt wie ein falscher Picasso
Was ist schon natürlich?
Forscher spüren Aroma-Betrügern nach

In einem Vanillejogurt muss keineswegs Vanille enthalten sein. Denn der Aromastoff Vanillin, der den schwarzen Schoten ihren charakteristischen Geschmack und Geruch verleiht, lässt sich auch in der Retorte erzeugen. Dieses Vanillin wird als naturidentisch bezeichnet, da seine Moleküle exakt so aufgebaut sind wie die des natürlichen, aus Vanilleschoten gewonnenen Aromastoffs. Weil sie billiger sind und zur Ressourcenschonung beitragen, wird eine ganze Reihe von naturidentischen Aromastoffen hergestellt. Die Lebensmittelindustrie verwendet diese Geschmacksstoffe beispielsweise für Süßwaren, Eis und Getränke sowie für die ganze Palette an Fertigkost, der es – bedingt durch den hohen Verarbeitungsgrad der Rohstoffe sowie die langen Lagerungszeiten – sonst an Aroma fehlen würde. Da aus wirtschaftlichen Gründen ein großer Anreiz besteht, naturidentische Aromastoffe als natürliche zu verkaufen oder natürliche Aromastoffe mit naturidentischen zu verschneiden, ist es ein erfreulicher Fortschritt, dass die Lebensmittelchemie in den vergangenen Jahren Verfahren entwickelt hat, mit denen sich die beiden Molekülsorten eindeutig unterscheiden lassen. Sie sind zum Teil bereits in der amtlichen Lebensmittelkontrolle etabliert, werden aber ebenso von der Riech- und Geschmacksstoffindustrie selbst genutzt, die damit die Qualität ihrer Rohstoffe umfassend kontrollieren kann.

— **Uta Bilow in der FAZ vom 18.3.2003**

Wenn du einen Eindruck davon bekommen willst, wie groß der Markt für Aromastoffe allein in Europa ist, dann gib auf der Internetseite von **„Wer liefert was?"** (www.wlw.de) „Aromen" als Suchbegriff ein.

CHO

Vanillin

OCH₃

OH

Vanillin
(Vanillaldehyd)
Reines Vanillin ist eine farblose, kristalline Substanz mit angenehmem Geruch. Es wird heute vor allem aus dem Lignin von Sulfitablaugen, zum Teil auch aus Guajakol oder Eugenol, synthetisch hergestellt und als Riech- und Aromastoff verwendet.

Blüte und Schoten
der Vanillepflanze

Vanilla, Gattung der Orchideen
Die Azteken verwendeten die Vanille zum Würzen von Kakaobrei. Durch die Spanier wurde die Vanille Ende des 16. Jh. in Europa bekannt. Der Inhaltsstoff Vanillin wurde 1874 synthetisiert, sodass der Anbau von Vanille stark zurückging. Der Geschmack der natürlichen Vanille wird durch mehr als 30 verschiedene Substanzen bewirkt.

◼ Vom **Lügen**
◼ **Betrügen**
◼ und der **Moral**

Die Gen-Tomaten der zweiten Generation: nicht nur lecker aussehen, sondern auch so schmecken!

Gentechnisch veränderte Lebensmittel und Pflanzen konnten die Verbraucher bislang noch nicht überzeugen. Zu sehr fürchteten sie gesundheitliche Risiken. Bei den Erzeugern dieser Produkte sieht es jedoch anders aus. Insbesondere Landwirte haben ein großes Interesse an einer Weiterentwicklung solcher Produkte. Denn gentechnisch veränderte Pflanzen sind weniger anfällig für Krankheiten und Insektenbefall. Dadurch können Landwirte effizienter wirtschaften. Sie sparen Geld, Zeit und benötigen weniger Pflanzenschutzmitteln.

Inzwischen wird an der zweiten Generation transgener Pflanzen gearbeitet. Diese soll stärker auf die Wünsche der Endverbraucher abgestimmt sein. Die Pflanzen sollen mehr Geschmack haben und gesünder sein. Im optimalen Fall sollen sie sogar vor Krankheiten schützen oder Arzneimittelwirkstoffe produzieren.

Die Greenpeace-Verbraucherinitiative EinkaufsNetz hat nachgefragt, welche Lebensmittelhersteller auf jegliche Zutaten aus GVO (= gentechnisch veränderten Organismen) verzichten. Die „grüne" und die „rote" Liste von Unternehmen und Supermarktketten wird laufend aktualisiert. Du findest sie (neben weiteren wichtigen Infos) unter: www.greenpeace.de unter dem Suchbegriff „Lebensmittel".

Kleines Lebensmittel-Lexikon:

„functional food" (funktionelle Lebensmittel):
Darunter versteht man Produkte, die zusätzlich zu ihrem Nährwert noch einen besonderen gesundheitlichen Nutzen aufweisen sollen. Ob sie tatsächlich zur Gesundheit und Leistungsfähigkeit beitragen, wie sie es versprechen, ist nicht bewiesen.

„convenience food" (zweckmäßige Lebensmittel):
Das sind industriell vorgefertigte Fertiggerichte (Tiefkühlgerichte). Diese Lebensmittel sind chemisch, biologisch und physikalisch behandelt und teilweise auch genmanipuliert. Zutaten, Zusammensetzung und Herkunft sind Geheimnis der Lebensmittelindustrie. Mit unseren ursprünglichen Lebensmitteln haben die Produkte meist nur noch wenig zu tun.

Nahrungsergänzungsmittel

Das sind Vitamine, Mineralstoffe, Algenextrakte, Blütenpollen usw., die meist in Form von Kapseln, Pulvern, Trinkampullen etc. verkauft werden. Nahrungsergänzungsmittel sind im Unterschied zu Arzneimitteln rechtlich nicht definiert. Sie gelten als Lebensmittel, das heißt, ihre Wirksamkeit muss nicht nachgewiesen werden. Die Produkte werden trotzdem mit unzähligen Gesundheitsversprechen angepriesen.

👁 **Sammelt Informationen zu gentechnisch manipulierten Pflanzen und Lebensmitteln. Ihr findet sie beispielsweise unter www.transgen.de, einer Internetseite, deren Träger der „Bundesverband Verbraucher Initiative e.V." ist. Weitere Informationen bietet auch das Umweltinstitut München e.V. www.umweltinstitut.org unter den Stichworten „Lebensmittel" und „Gentechnik".**

Vom **Lügen** **Betrügen** und der **Moral**

Eine wirklich verlässliche Kennzeichnung von gentechnisch
veränderten Lebensmitteln gibt
es bislang nicht. Hier 2 Symbole,
nach denen ihr euch richten könnt:

X
OHNE GENTECHNIK

BiO
nach
EG-Öko-Verordnung

👁 **Angenommen,
durch den
Einsatz von
gentechnisch
veränderten
Lebensmitteln
(deren Auswir-
kungen auf
Umwelt und
Gesundheit bislang
nicht ausreichend erforscht
sind) könnten hunderte von
Menschen vor dem Hungertod
gerettet werden. Wärest du
dann für die Verbreitung dieser Lebensmittel? Diskutiert
in der Gruppe. Bedenkt neben
den kurzfristigen auch die
langfristigen Folgen und
Auswirkungen.**

US-Regierung fordert Europa auf, genmanipulierte Produkte zuzulassen – für hungernde Bevölkerung Afrikas

„Zum Wohle eines von Hunger
bedrohten Kontinents rufe ich die
europäischen Regierungen auf,
ihre Opposition gegen die Bio-
technologie zu beenden", sagte
der Präsident [der Vereinigten
Staaten, George W. Bush,] vor
dem Verband der Biotechno-
logie in Washington. Mit einer
Klage vor der Welthandels-
organisation WTO wollen die
USA ihre Position untermauern.

— **Cornelia Bolesch, Süddeutsche
Zeitung, 25.06.2003**

Gentechnisch veränderte Kartoffeln gegen Unterernährung in Indien

„Protato" heißt der neue
Hoffnungsträger zur Bekämp-
fung der Unterernährung in Indien.
Protato ist eine gentechnisch veränderte Kartoffelsorte, die ein Drittel
mehr Proteine enthält als normalerweise in den Knollen vorhanden ist.
[...] Geplant sei, die Kartoffeln an
staatlichen Schulen Millionen von
Kindern zur Verfügung zu stellen.
[... Der indische Forscher] Devinder
Sharma bezeichnete die Protato-Stra-
tegie als riskant und naiv. Es sei ein
Propagandawerkzeug, um die Akzep-
tanz der Gentechnologie zu fördern.
Die in Indien angebauten Hülsenfrüch-
te hätten einen vielfach höheren Pro-
teingehalt als die Gentech-Kartoffel.

— **Wolfgang Löhr, taz, 12.6.2003**

Gentechnisch veränderte Lebens-mittel müssen künftig EU-weit gekennzeichnet werden

Das EU-Parlament in Straßburg hat
den Richtlinien zur Kennzeichnung
von gentechnisch veränderten Lebensmitteln zugestimmt. Alle Le-
bens- und Futtermittel, die Bestand-
teile von gentechnisch veränderten
Lebensmitteln enthalten, müssen
künftig mit entsprechendem Hinweis
auf der Packung versehen werden.
Die Umweltorganisation Greenpeace
nannte die Entscheidung einen „Sieg
für den Verbraucherschutz in ganz
Europa". Allerdings sind Fleisch- und
Wurstprodukte von der Regelung
ausgenommen – diese sind erst ab
einer Menge von 0,9% gentechnisch
veränderter Substanzen kennzeich-
nungspflichtig.

— **Quelle: www.netzeitung.de, 2.7.2003**

Lebensmittel- und Bedarfsgegen-ständegesetz (LMBG)

**Zweiter Abschnitt – Verkehr mit
Lebensmitteln § 8 – Verbote zum
Schutz der Gesundheit**
Es ist verboten,
1. Lebensmittel für andere derart
herzustellen oder zu behandeln,
dass ihr Verzehr geeignet ist, die
Gesundheit zu schädigen;
2. Stoffe, deren Verzehr geeignet ist,
die Gesundheit zu schädigen, als
Lebensmittel in den Verkehr zu
bringen;
— **In der Fassung vom 9.9.1997
(BGBl I S. 2296), zuletzt geändert durch
das Siebte Gesetz zur Änderung des
Arzneimittelgesetzes vom 25.2.1998
(BGBl I S. 374))**

© Verlag an der Ruhr ✎ Postfach 102251 ✎ 45422 Mülheim an der Ruhr ✎ www.verlagruhr.de

🖊 Vom **Lügen**
■ **Betrügen**
■ und der **Moral**

Mogelpackungen

Lebensmittelwerbung

EU-Verbraucherkommissar Byrne will der Nahrungsmittelindustrie ihre Mogelpackungen verbieten: Byrnes Vorschlag für eine „Verordnung über nährwert- und gesundheitsbezogene Angaben über Lebensmittel" verlangt, dass künftig sämtliche Versprechen und Anpreisungen der Werbeslogans wissenschaftlich nachgewiesen sein müssen. Innerhalb der EU sollen einheitliche Richtlinien für Bezeichnungen wie „fettarm" (maximal drei Gramm Fett je 100 Gramm) oder „energiearm" (maximal 40 Kalorien je 100 Gramm) gelten. Ziel der Überlegungen ist es, nicht nachprüfbaren Gesundheitsversprechen, Schlankheitsverheißungen und vorgegaukelten Glückszuständen auf den Lebensmittelpackungen und in der Werbung ein Ende zu bereiten. Wird dieser Vorschlag umgesetzt, bedeutet dies auch das Aus für Werbe-Klassiker wie den Haribo-Slogan „Haribo macht

Kinder froh" – außer, es gelingt Haribo, diese Wirkung wissenschaftlich nachzuweisen. Die Werbewirtschaft kritisiert den Vorschlag aus Brüssel heftigst.
Der Bundesverband der Verbraucherzentralen hingegen lobt den Entwurf: Er bringe nach jahrelangem

Gerangel mehr Klarheit und Wahrheit für die Verbraucher. Er schütze vor Täuschung bei Lebensmitteln.

— Sylvia Schreiber, Spiegel Online, 16.7.2003

> **Bislang gilt in Deutschland bezüglich der Lebensmittelwerbung:**
> Übertreibende Werbeaussagen für Nahrungsmittel wie „was das Leben wirklich besser macht" oder „das Geheimnis für besseres, ausgefülltes und aktives Leben" fallen als allgemeine Anpreisungen, die inhaltlich nichtssagend sind, nicht unter die Werbebeschränkungen des Lebensmittelgesetzes und stellen auch keine irreführende Werbung im Sinne des § 3 UWG dar.
> *(Urteil des OLG München vom 23.07.1998. 29 U 3245/98 NJWE-WettbR 1999, 254, Quelle: www.finanztip.de)*

reinigt den Organismus

gut gegen Stress

Gummiro macht Kinder froh

Mad Cow verleiht Flügel

unterstützt Ihr Immunsystem

👁 Sammelt Werbesprüche aus Radio, Zeitschriftenanzeigen oder Fernsehen, die ihr besonders witzig oder gut findet. Tragt diese Sprüche in einer Liste zusammen. Überprüft, wie viele der Aussagen vermutlich wissenschaftlich korrekt und nachweisbar sind.

👁 Sucht euch jeweils eine Werbung/einen Werbespruch heraus und verändert ihn so, dass er eine wissenschaftlich korrekte Aussage über das Produkt macht (möglicherweise müsst ihr den Spruch durch einen völlig neuen ersetzen).

👁 Stellt euch eure Lösungen gegenseitig vor und diskutiert, ob ihr euch ein Leben ohne „täuschende" Werbung vorstellen könnt.

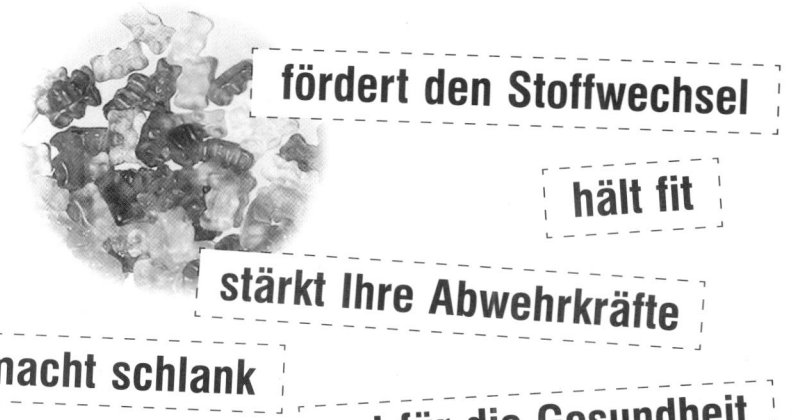

fördert den Stoffwechsel

hält fit

stärkt Ihre Abwehrkräfte

macht schlank

gut für die Gesundheit

© Verlag an der Ruhr ✱ Postfach 102251 ✱ 45422 Mülheim an der Ruhr ✱ www.verlagruhr.de

■ Vom **Lügen**
■ **Betrügen**
■ und der **Moral**

Die „Tricks" der Supermärkte

Wie unsere Sinne beeinflusst, getäuscht oder betrogen werden

Instinktiv hat der Mensch Angst vor unbekannten Räumen. Kaum einer beträte gern einen Supermarkt, wenn er nicht durch strategische „Tricks" von seiner Angst abgelenkt würde. In den meist fensterlosen Verkaufsräumen der Supermärkte täuscht eine geschickte Beleuchtung über den „Höhlencharakter" hinweg. Alles ist bis in den hintersten Winkel hell und freundlich ausgeleuchtet, es gibt keine dunklen Ecken, die man unterbewusst als bedrohlich wahrnehmen könnte. Warmes Licht und oft auch Pflanzen im Eingangsbereich helfen die Schwellenangst zu überwinden.

Bis zu 40% der Baukosten eines Supermarktes werden in eine optimale Beleuchtung investiert.

Wer einen Supermarkt betritt, landet zuerst in der in sonniges Licht getauchten Obst- und Gemüseabteilung. Durch geschickt angebrachte Spiegel wirkt das Ganze noch um ein Vielfaches bunter und paradiesischer. Ein Erlebnis fast wie Urlaubsfeeling. Jetzt heißt es entspannen und kaufen. Gemüse und Obst wiegt man selbst ab, denn es trägt nachweislich zur Umsatzsteigerung bei, wenn der Kunde die Ware auswählen, anfassen und prüfen kann. Die Beleuchtung spielt auch an der Fleischtheke eine entscheidende Rolle. Meist wird hier farbiges Licht eingesetzt.

Zur positiven, verkaufsfördernden Atmosphäre trägt auch die Geräuschkulisse ganz wesentlich bei. Spezialunternehmen werden beauftragt, die richtige Hintergrundmusik für den Supermarkt auszuwählen. Die Musik darf dabei nie aufdringlich, aufregend oder einschläfernd sein. Am besten eignen sich eingängige Melodien mit 72 Bassschlägen pro Minute: dies entspricht der Pulsfrequenz eines gesunden, ausgeglichenen Menschen.

Unter einer speziellen Rotlichtlampe sieht ein blasses, wässriges Schnitzel nach 1-A-Qualität aus.

Eine konstante Temperatur von 19 °C schafft eine ideale Einkaufsatmosphäre. In letzter Zeit werden immer häufiger auch verkaufsfördernde Düfte eingesetzt: „aprilfrischer" Frühlingsduft neben den Waschmitteln, Pizzageruch rund um die Tiefkühlpizza, frischer Kuchenduft beim Gebäck. Einer Studie der Universität Paderborn zufolge bleiben die Kunden in bedufteten Verkaufsräumen durchschnittlich 16 % länger im Laden als sonst, die Kaufbereitschaft steigt um 15 % und der Umsatz um 6 %.

Vormittags Schlager für die Hausfrauen, nachmittags Popmusik für die Teenies.

Dufte Verkaufsräume steigern den Umsatz

👁 **Achte beim nächsten Mal, wenn du einen Supermarkt betrittst, auf die Anordnung der Produkte insbesondere im Eingangsbereich und vor der Kasse. Kannst du bestimmte Verkaufsstrategien erkennen?**

👁 **Nimm Stift und Zettel mit in den Supermarkt und notiere, welche deiner Sinne besonders angesprochen werden: Welche Art von Musik wird gespielt? Welche Gerüche und Farben sind besonders auffällig.**

👁 **Ziel der Ladendesigner ist es, durch diese „Tricks" das Einkaufen zum „sinnlichen Erlebnis" zu gestalten. Überlege dir die Vorteile und die Nachteile dieser Strategie für den Kunden.**

👁 **Hat diese Art der Täuschung oder Beeinflussung etwas mit Betrug zu tun? Diskutiert eure Meinungen in der Klasse.**

© Verlag an der Ruhr ✻ Postfach 102251 ✻ 45422 Mülheim an der Ruhr ✻ www.verlagruhr.de

Vom **Lügen**
Betrügen
und der **Moral**

Volkssport Betrug

Sind die Deutschen ein Volk von Lügnern und Betrügern?

Wenn es um Versicherungsbetrug geht, offenbar ja. Rund fünf Milliarden Mark geben die Versicherungen pro Jahr für vorgetäuschte Schäden aus, schätzt der Gesamtverband der Deutschen Versicherungswirtschaft. Sehr beliebt ist die sündhaft teure Designerbrille, auf die sich die Nachbarin aus Versehen gesetzt hat. Auch **bei der Autoversicherung wird kräftig geschummelt.** Bei gestohlenen Fahrzeugen nimmt das Bundeskriminalamt gar eine Betrugsziffer von 30 bis 50 Prozent an.

Einer Studie der Gesellschaft für Konsumforschung (GfK) zufolge gestand jeder vierte Befragte, bei einem Hausratschaden schon einmal mehr verlangt zu haben. **Jeder fünfte Haftpflichtversicherte beichtete, seine Versicherung betrogen zu haben.** Die Kölner Marktforschungsgesellschaft Psychonomics hat herausgefunden, dass fünf Prozent der Kunden grundehrlich sind, fünf Prozent schummeln, was das Zeug hält, und dass die überwiegende Mehrzahl bei einer günstigen Gelegenheit nicht Nein sagen würde.

Im wirklichen Leben geht es meist um **kleinere Betrügereien, etwa fingierte Arztrechnungen.** Aufmerksamkeit erregen Kunden, die eine zerbrochene Glasscheibe bei mehr als zehn Versicherungen melden. Dumm stellte sich ein Autofahrer an, der sein Fahrzeug angetrunken zu Schrott gefahren hatte und seinem Versicherer einen Wildschaden unterjubeln wollte: Als Beweis hatte er Barthaare seines Schäferhundes an die zerbeulte Stoßstange geklebt.

Die Triebfeder vieler Schummler ist einfach zu erklären: Es ist zuweilen schwer einzusehen, viel Geld dafür zahlen zu müssen, dass der Versicherer ein Risiko übernimmt und nicht in jedem Fall auch für Schäden aufkommt. Verschlagene Kunden, die jahrelang keinen Schaden hatten, meinen daher, sich Bares zurückholen zu müssen. **Nach Erkenntnissen der Kriminalpolizei lassen sich die Täter in allen Bevölkerungsschichten finden.**

Wissen sollten Versicherungskunden jedoch, dass Schluss mit lustig ist, wenn der Betrug auffliegt. **Versicherungsbetrug wird** längst nicht mehr als Kavaliersdelikt angesehen, sondern **als Straftatbestand verfolgt.** Die Schwindler bleiben nicht nur auf ihren Schäden sitzen, sondern müssen zusätzlich mit einer Vertragskündigung, Bußgeld, Schadenersatzforderungen und im schlimmsten Fall mit **bis zu zehn Jahren Haft** rechnen. Daten von Kunden, die bei mehreren Versicherern auffallen, werden an die Kripo weitergeleitet. Ohnehin ist Versicherungsbetrug eine höchst unsolidarische Angelegenheit. Die Kosten dafür werden von den Versicherern auf alle Kunden umgelegt, im Schnitt mit mehr als 50 Euro pro Kunde und Jahr.

— Elke Dolle-Helms in Frankfurter Allgemeine Sonntagszeitung vom 24.2.2002

Versicherungsbetrug

Jeder zehnte Verkehrsunfall auf den Straßen in Deutschland ist nach Angaben der Polizei ein Versicherungsbetrug. Das Spektrum reiche von provozierten Zusammenstößen über fingierte Unfälle bis zu manipulierten Schadenshöhen, sagte ein Polizeisprecher am Dienstag in Bremen. Den jährlichen Gesamtschaden in Deutschland bezifferte eine Haftpflichtversicherung auf rund 50 Millionen Euro. (dpa)

— FAZ vom 13.3.2002

Projektvorschlag

◎ Zieht eigene Erkundigungen ein zum „Volkssport Betrug". Befragt Fachleute von Polizei und Versicherungen zu ihren Erfahrungen mit Betrügern, v.a. im Bereich der Kraftfahrzeug- und Diebstahlversicherung. Welche Erklärungen geben ertappte Schwindler ab? Wie werden sie bestraft? Wie wirkt sich Versicherungsbetrug auf die ehrlichen Kunden aus?

◎ Führt eine Umfrage unter Jugendlichen oder Erwachsenen durch. Erfragt Meinungen zu folgenden Statements: *„Wenn einem im Urlaub das Reisegepäck gestohlen wird, macht manch einer seiner Versicherung gegenüber den Schaden größer, indem er eine wertvolle Armbanduhr oder eine teure Digitalkamera zu viel angibt. Manche sagen, dadurch hätten sie wenigstens einen gewissen Ausgleich für den erlittenen Schaden. Und einen richtigen Nachteil erleide ja niemand durch diese kleine Beschönigung. – Was meinen Sie hierzu?"*

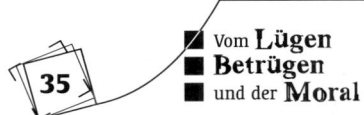

■ Vom **Lügen**
■ **Betrügen**
■ und der **Moral**

Definition Betrug

Welche anderen Wörter fallen euch ein, wenn ihr an „Lüge", „Betrug" und „Moral" denkt?

Findet euch in kleinen Gruppen zusammen. Einer von euch schreibt. Nun sammelt ihr so viele Assoziationen wie möglich zu den drei Begriffen Lüge, Betrug und Moral. Das können sowohl Substantive oder Verben als auch kurze Sätze sein. Vielleicht wisst ihr auch, wie in anderen Sprachen „Lüge", „Betrug" und „Moral" heißen?
Wenn ihr mit dem Sammeln der Wörter fertig seid, dann nehmt ein großes Plakat (mindestens DIN-A-3)

und einige bunte Stifte zur Hand und fertigt eine so genannte Mind-Map an: Zuerst schreibt ihr „Lüge", „Betrug" und „Moral" in einer Farbe auf das Plakat. Dann gruppiert ihr eure gesammelten Wörter um diese drei Begriffe herum und verbindet diejenigen untereinander, die thematisch zusammengehören.
Die fertigen Plakate könnt ihr dann an der Wand aufhängen und so vergleichen, welche Begriffe den anderen Gruppen eingefallen sind.

Täuschung,
[...] bewusste Irreführung, die auf Vorstellung und Handeln eines anderen in einem bestimmten Sinn einwirken soll; Tatbestandsmerkmal des Betruges.
— Brockhaus Bd.21, S.662, 1993

👁 **Auf welchen Bereich des gesellschaftlichen Miteinanders ist die Lexikon-Definition von „Betrug" begrenzt?**

👁 **Vergleicht dieses Definition mit euren eigenen Assoziationen. Mit welchen Bereichen des alltäglichen Lebens verbindet ihr den Begriff „Betrug"?**

👁 **Bist du schon einmal betrogen worden? Kennst du jemanden, der andere betrügt?**

👁 **Wie würdest du handeln, wenn du einen Betrug aufdecktest?**

„**Betrug**, Vermögensdelikt, das begeht, wer in der Absicht, sich oder einem Dritten einen rechtswidrigen Vermögensvorteil zu verschaffen, das Vermögen eines anderen dadurch beschädigt, dass er durch Täuschung einen Irrtum erregt oder unterhält und den Irrenden zu einer Vermögensverfügung veranlasst; wird nach § 263 StGB mit Freiheitsentzug bis zu fünf (in besonders schweren Fällen bis zu zehn) Jahren oder mit Geldstrafe bestraft [...]. Der Betrug gegen Angehörige, Mitgl. der Hausgemeinschaft oder Vormünder ist Antragsdelikt. Die Strafbarkeit eines Geschehens als B. erfordert folgende objektive Voraussetzungen: 1) eine Täuschungshandlung, 2) einen dadurch hervorgerufenen Irrtum seines Opfers, das 3) aufgrund dieses Irrtums eine Vermögensverfügung vornimmt, die 4) einen Vermögensschaden herbeiführt. Die Täuschungshandlung, die sich i. d. R. auf Tatsachen beziehen muss, kann sowohl durch schlüssiges Handeln (z.B. durch Verkauf von Lotterielosen unter Zurückhaltung des Haupttreffers), als auch durch Unterlassen erfolgen (z.B. wenn der Täter

seiner Aufklärungspflicht bewusst nicht genügt). Die auf Täuschung und Irrtum beruhende Vermögensverfügung kann positiver (z.B. Hingabe von Geld, Abschluss eines Vertrages) oder negativer Natur sein (z.B. Nichtverfolgen von Zahlungsansprüchen). Der auftretende Vermögensschaden muss nach herrschender Ansicht ein objektiver sein, d.h. bei einem Vergleich des Vermögensstandes vor und nach der Verfügung muss eine Minderung des Vermögens feststellbar sein. Allerdings reicht zur Bejahung eines Schadens eine bloße, jedoch konkrete Vermögensgefährdung bereits aus [...]. Nicht erforderlich sind die Identität von Getäuschtem und Geschädigtem, ebensowenig die Identität von Täter und Begünstigtem („... sich oder einem Dritten ..."). Als Betrug werden in der Praxis u.a. erfasst: Heiratsschwindel, Anstellungs-B. (der Täter begründet ein Arbeitsverhältnis trotz seines Wissens, den Anforderungen nicht gerecht zu sein), Prozessbetrug (der Täter setzt unter Täuschung des Gerichts ihm nicht zustehende Ansprüche durch)."
— Brockhaus, Bd. 3, S. 232 f., 1987

© Verlag an der Ruhr ✏ Postfach 102251 ✏ 45422 Mülheim an der Ruhr ✏ www.verlagruhr.de

■ Vom **Lügen**
■ **Betrügen**
■ und der **Moral**

Kontaktanzeigen

2. Täuschung, Vertrauensmissbrauch, Betrug

Krankenschwester 35/165.
Rieche toll, koche super, küsse umwerfend. Kann lesen und schreiben. Bin nett und hübsch. Und verdiene mein eigenes Geld. Ist das etwa nichts? Na dann aber fix!
Chiffre 5178, 20374 Hamburg

Ich, blonde, sehr attraktive Sie (26/175), mag Sport und Musik, bin charmant, zärtlich, häuslich, suche starken Ihn für Liebe und Leben.
(Bitte nur Bildzuschriften!)
Chiffre 5763, 74106 Freiburg

Starke Frau (23/175) sucht Mann, bei dem sie schwach werden kann. Nur äußerlich blond und blauäugig. Mit Chic u. Charme, attr., sinnl., zärtl., sucht Partner mit Herz, Hirn und Humor.
Chiffre 3302, 56718 Bonn

Er 28/190, schl., dkl. Augen, intelligent, erfolgr., sportl. und spontan, su. fröhl., attrakt. Partnerin für den Sommer.
Chiffre 7953, 38711 Schweinfurt

DU! Bring mich um Schlaf und Verstand, überrasche mich täglich aufs Neue und mach mein Leben wieder lebenswert.
Ich liebe: DICH, gute Filme, mein Motorrad, viel Sonne am Strand und viel Schnee im Winter.
Ich hasse: Erbsen und Möhrchen aus der Dose.
Bist du die Richtige für mich? Dann schreib mir!
Chiffre 3714, 24518 Neuss

Symphatischer Traummann, gutaussehend, 32/196/93
dklbld., grünbraune Augen, sportlich, sinnlich, unternehmungslustig, sucht passende Traumfrau die sein Geld ausgeben und ihn verwöhnen will.
(Bitte mit Foto!)
Chiffre 9615, 47829 Düsseldorf

Das erste Date und wie man sich verkauft

Aufregung und Angst.
Ich bleibe ganz cool, egal, was passiert!
Was ziehe ich an?
Was will er/sie?
Welche Erwartungen habe ich?
Man will ja cool wirken!
Ob er/sie gleich mit mir schlafen will?

👁 Sammelt weitere Kontaktanzeigen aus verschiedenen Zeitschriften und Zeitungen. Versucht Abkürzungen, die ihr nicht auf Anhieb versteht, gemeinsam zu entschlüsseln.

👁 Schreibe selbst eine Kontaktanzeige, in der du dich von deiner besten Seite präsentierst.

👁 Bildet Zweier-Gruppen. Schreibt jeweils eine Kontaktanzeige, in der ihr euren Partner so attraktiv und begehrenswert wie möglich beschreibt. Ihr dürft maßlos übertreiben!

👁 Hast du dich für eine Verabredung schon einmal so richtig aufgebretzelt? Beschreibe (aus eigener Erfahrung oder der Beobachtung anderer), was zum „Aufbretzeln" alles dazugehört – denke dabei z.B. auch an Schmuck, Kosmetika, Bauch-Weg-Hosen, Push-up-BHs, Haarentfernungsmittel etc.

👁 Welche Tricks haben Jungen drauf, um bei den Mädchen anzukommen? Wo „täuschen", „lügen" und „betrügen" sie?

© Verlag an der Ruhr ✒ Postfach 102251 ✒ 45422 Mülheim an der Ruhr ✒ www.verlagruhr.de

■ Vom **Lügen**
■ **Betrügen**
■ und der **Moral**

Geschäft mit der Schönheit

Leiden für den schönen Schein

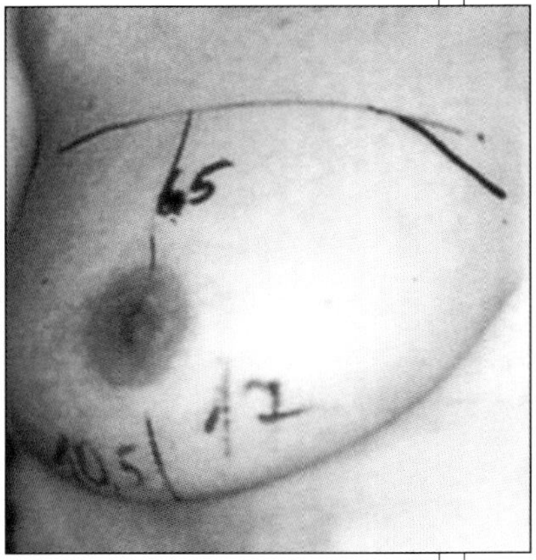

Der Trend ist eindeutig: Immer mehr Frauen lassen sich die Brust vergrößern. Nach Angaben der Gesellschaft für Ästhetische Chirurgie Deutschlands e.V. (DGÄC, Krefeld 16.05.2002) ließen allein im Jahr 2001 in Deutschland 18.000 Frauen einen Eingriff vornehmen. Die Brustvergrößerung rangiert damit auf Platz zwei der häufigsten Schönheitsoperationen nach der Fettabsaugung, die im Jahr 2001 von rund 100.000 Frauen durchgeführt wurde.

Bemerkenswert ist nach Angaben der DGÄC der Trend zu immer größeren Implantaten. Während früher eine „normal" große Brust gewünscht wurde, seien heute größere Implantate in „Körbchengröße C" gefragt, hieß es.

Gerade vor der anstehenden Bikinisaison beginnt regelmäßig ein regelrechter Ansturm: „Im Sommer herrscht Hochkonjunktur bei den Ästhetischen Chirurgen", sagt Holger Dieterich von der DGÄC. Viele Frauen wünschen sich einen großen Busen wie zum Beispiel Schauspielerin Pamela Anderson ihn hat. Aber auch bei jungen Mädchen ist der Wunsch nach einem schöneren Busen sehr ausgeprägt. Auch hier spielen Vorbilder aus dem Fernsehen und modische Trends eine große Rolle. Nach Angaben der Chirurgen stehen derzeit Brustimplantate zwischen 60 und 600 Gramm zur Verfügung. Verwendet würden Implantate aus Silikon und aus Kochsalzlösung, verboten seien hingegen Implantate aus Hydrogel, da sie den Busen verhärten würden. Brustvergrößerungen seien, wenn sie von einem Fachmann durchgeführt würden, „relativ risikoarm", hieß es.

Projektvorschlag:

◎ Sucht in Zeitschriften nach Werbeanzeigen mit „Vorher-Nachher"-Bildern von angeblich erfolgreichen Schlankheitskuren oder Schönheitsoperationen. Untersucht die Bilder kritisch: Sind die Fotos wirklich „echt" oder wurden sie mit dem Computer bearbeitet (sitzt z.B. der Kopf korrekt auf dem Körper usw.)? Achtet auch besonders auf die Farben, den Hintergrund und die Perspektive, aus der die Fotos jeweils aufgenommen wurden. Wird der Gesamteindruck durch eine veränderte Frisur oder Kleidung zusätzlich beeinflusst?

◎ Glaubt ihr das, was die jeweilige Werbung verspricht? Welche Argumente überzeugen euch, welche nicht?

Jede dritte Deutsche (33 %) wäre bereit, sich auf Wunsch ihres Partners operieren zu lassen, um ihm besser zu gefallen.
Bei den Männern würden sich nur 11% unter das Messer begeben, wenn ihre Partnerin es wünschen würde.
— nach einer Studie im Auftrag der Zeitschrift „Elle", 1997

Männer im Schönheitsrausch

Während noch vor einigen Jahren Schönheitsoperationen bei Männern kein Thema waren, werden heute bereits ein Drittel aller Schönheitsoperationen an Männern vorgenommen. Neben dem Entfernen der Tränensäcke oder des Doppelkinns, ist vor allem das Fettabsaugen am Bauch bei den Herren gefragt. Die meisten Männer legen sich im Alter zwischen 40 und 50 Jahren für ihre Schönheit unter das Skalpell. Einer der von Männern am häufigsten genannten Gründe für eine Schönheitsoperation: Ein frischeres, dynamischeres und gesünderes Aussehen erhöht die Chancen auf dem Arbeitsmarkt.
— www.br-online.de/umwelt-gesundheit/thema/ maenner_schoenheitswahn/ schoenheitsoperation.xml

© Verlag an der Ruhr ✵ Postfach 102251 ✵ 45422 Mülheim an der Ruhr ✵ www.verlagruhr.de

Vom **Lügen**
Betrügen
und der **Moral**

Die Werbetricks der „Beauty-Kliniken"

Kliniken für plastische Chirurgie, die so genannte Schönheits-operationen anbieten, benutzen häufig beschönigende oder sogar irreführende Begriffe, um den Operationen ihren Schrecken zu nehmen. Damit täuschen sie aber leichtsinnige Patienten und Patientinnen über die Risiken der Operationen hinweg. Schlimmer noch, viele dieser „Beauty-Kliniken" bedienen sich einer ganz speziellen Werbesprache und reden uns ein, unser Aussehen bedürfe dringend der „Korrektur", „Normalisierung", „ästhetischen Verbesserung", „Verschönerung", „Optimierung" und gelegentlichen „Auffrischung".

Folgende Zitate stammen aus verschiedenen Werbebroschüren solcher „Beauty-Kliniken":

> Durch eine Brustverkleinerung oder eine Straffungsoperation der Brust wird die Harmonie der Körperkontur auf ein normales, ästhetisches Maß korrigiert.

> Durch Wohlstand, medizinischen Fortschritt und erhöhte Lebensqualität verlängert sich die Lebenserwartung. Aber die Zeit hinterlässt auch ihre Spuren. Hier kann Ihnen die ästhetische Medizin helfen, die in den letzten Jahren ein hohes Maß an Perfektion erreicht hat.

> Durch die Gesichtsstraffung wird selbstverständlich das Altern nicht aufgehalten, der Alterungsvorgang wird jedoch um Jahre zurückverschoben, die Uhr wird sozusagen zurückgestellt.

> Schönheitsoperation – die natürlichste Sache der Welt. Wer möchte schon zum „alten Eisen" gehören – niemand!

> Neue, moderne Operationstechniken in der Schönheitschirurgie, die nicht nur die Haut, sondern auch das darunter liegende Gewebe anheben, ermöglichen es, dass das postoperative Ergebnis durch ein verjüngtes, natürliches Aussehen gekennzeichnet ist

> Früher war es den Filmstars und den Reichen vorbehalten, sich „herrichten" zu lassen. [...] Jetzt endlich gibt es keine Geheimnisse mehr und alle können sehen, was Sache ist. Im Internet haben alle Ärzte und Kliniken die Möglichkeit, sich entsprechend zu präsentieren und ihre Leistungen und Ergebnisse [...] zu zeigen. **Die Branche boomt!** 4 von 10 Befragten sind mit ihrem Körper nicht zufrieden – sie möchten unbedingt Änderungen an sich vornehmen lassen. Ein Umdenken hat stattgefunden. Man möchte fit bleiben und dabei schön sein. „Schöne" haben mehr Erfolg im Leben, „Schöne" sind meist sympathischer [...]

> Lokale Fettansammlungen, die die Kontur des Körpers in lokal umschriebenen Regionen beeinträchtigen, können durch eine Fettabsaugung korrigiert werden.

👁 **Achtet auf die Sprache!**
Wie und wofür genau werden Begriffe wie „normal", „korrekt" und „natürlich" verwendet?

Projektvorschlag:

◎ **Sammelt aus Anzeigen in Zeitschriften oder aus dem Internet Begriffe, die typisch für die beschönigende und irreführende Sprache des „Schönheitsbusiness" sind. Klärt, was sich eigentlich hinter diesen Begriffen verbirgt und verfasst gemeinsam ein kleines Lexikon des schönen Scheins der plastischen Chirurgie. Hier ein Beispiel:**

Brustkorrektur:

Brustoperation. Ein chirurgischer Eingriff, der unter Umständen aus medizinischen Gründen (z.B. extreme Rückenbeschwerden) notwendig sein kann. Zahlreiche Frauen lassen die Operation ausschließlich aus ästhetischen Gründen (also weil sie besser aussehen wollen) über sich ergehen. Die Operation hinterlässt in der Regel lebenslang Narben. Das Risiko gesundheitlicher Schäden und Komplikationen ist nicht auszuschließen.

Geschäft mit der Schönheit

👁 **Diskutiert folgende Fragen:**

• Ist ein aus ästhetischen Gründen operierter Busen eine Täuschung oder sogar Betrug?

• Betrügt jemand, der sein Aussehen operativ verändern lässt um „schöner" zu sein, sich selbst, oder seine Mitmenschen?

• Würdest du dich operieren lassen? Für wen würdest du das tun, für dich selbst oder für deinen Freund/deine Freundin? Warum?

Projektvorschlag:

— „In nur drei Tagen 600 Kilo abgenommen ...";

— „Letzte Woche musste mein Mann mich noch mit dem Schwertransporter kutschieren, heute bin ich ihm im Mini davongeflitzt ...";

— „Seitdem ich täglich 3 Kilo von Dr. Pfuschs Tabletten esse, fühl ich mich viel gesünder ..."

◎ **So oder ähnlich lauten die Werbeslogans der Abführmittel, Appetithemmer und Schlankmacher. Erfindet selbst ein Wundermittel. Macht dafür Werbung. Beschreibt genau, wie es wirkt und welche Wunder es vollbringt!**

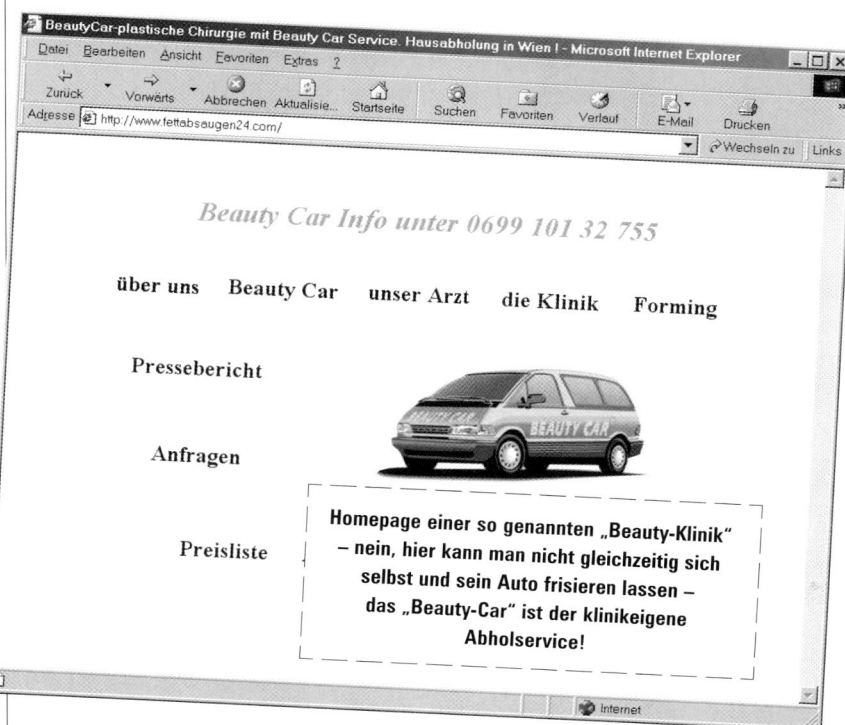

Homepage einer so genannten „Beauty-Klinik" – nein, hier kann man nicht gleichzeitig sich selbst und sein Auto frisieren lassen – das „Beauty-Car" ist der klinikeigene Abholservice!

Beautyurlaub – Vorsicht geboten

Der neue Renner bei den Urlaubswünschen vieler Deutscher: eine Schönheitsoperation unter Palmen. Zahlreiche Anbieter haben inzwischen auf diesen Trend reagiert und bieten Schönheitsoperationen in Kombination mit klassischem Strandurlaub an. [...] Doch Vorsicht: Qualität hat ihren Preis. Das gilt auch für Schönheitsoperationen. Besondere Vorsicht ist geboten, wenn der Preis sehr niedrig ist, z.B. eine Brustvergrößerung für 2000 Euro all inclusive. „Alleine hochwertige Brustimplantate kosten bereits 500–600 Euro pro Stück", weiß Dr. Holger Dieterich, Brustchirurg und Mitglied der GÄCD [Gesellschaft für Ästhetische Chirurgie Deutschlands e.V.]. „Welche Billigimplantate man bei diesen Dumpingpreisen eingesetzt bekommt, ist da mehr als fraglich", warnt er.

— Gesellschaft für Ästhetische Chirurgie Deutschlands e.V. Krefeld/ Hofheim 26.05.2003

Jung, dynamisch, erfolgreich

Die Massenmedien zeigen uns ein deutliches Bild: Wir müssen jung, schön, reich und klug sein, um etwas zu „sein". Um dem Idealbild zu entsprechen und die Jugendlichkeit wenigstens annähernd zu konservieren, erfinden die Kosmetikindustrie und Teile der Medizin immer neue Mittel. Nicht nur Frauen begeben sich heutzutage in die Hände von Schönheitschirurgen, auch immer mehr Männer lassen sich in so genannten Schönheits-Kliniken behandeln. Oft tun Männer dies weniger aus privaten, als aus beruflichen Gründen – also für die Karriere.

© Verlag an der Ruhr ✎ Postfach 102251 ✎ 45422 Mülheim an der Ruhr ✎ www.verlagruhr.de

Vom **Lügen**
■ **Betrügen**
■ und der **Moral**

GUTEN TAG (Die Reklamation)

Meine Stimme gegen ein Mobiltelefon
Meine Fäuste gegen eure Nagelpflegelotion
Meine Zähne gegen die von Doktor Best und seinem Sohn
Meine Seele gegen eure sanfte Epilation

Es war im Ausverkauf im Angebot die Sonderaktion
Tausche blödes altes Leben gegen neue Version
Ich hatte es kaum zu Hause ausprobiert da wusste ich schon
an dem Produkt ist was kaputt – das ist die Reklamation

Guten Tag, guten Tag ich will mein Leben zurück
Ich tausch nicht mehr ich will mein Leben zurück
Guten Tag ich gebe zu ich war am Anfang entzückt
aber euer Leben zwickt und drückt nur dann nicht
wenn man sich bückt –
Guten Tag

Meine Stimme gegen die der ganzen Talkshownation
Meine Fäuste für ein müdes Halleluja und Bohnen
Meine Zähne gegen eure zahme Revolution
Visionen gegen die totale Television

Es war im Ausverkauf im Angebot die Sonderaktion ...

Guten Tag guten Tag ich will mein Leben zurück ...

WIR SIND HELDEN, „DIE REKLAMATION"
Text: Judith Holofernes
Musik: Judith Holofernes/Jens Eckhoff/Sebastian Roy
© Wintrup Musikverlag, Detmold/Freudenhaus Musikverlag/Partitur Musikverlag

AUSVERKAUF

SONDERAKTION

NEUE VERSION

ANGEBOT

BGB § 434 Sachmangel

(1) Die Sache ist frei von Sachmängeln, wenn sie bei Gefahrübergang die vereinbarte Beschaffenheit hat. Soweit die Beschaffenheit nicht vereinbart ist, ist die Sache frei von Sachmängeln,
1. wenn sie sich für die nach dem Vertrag vorausgesetzte Verwendung eignet, sonst
2. wenn sie sich für die gewöhnliche Verwendung eignet und eine Beschaffenheit aufweist, die bei Sachen der gleichen Art üblich ist und die der Käufer nach der Art der Sache erwarten kann.
Zu der Beschaffenheit nach Satz 2 Nr. 2 gehören auch Eigenschaften, die der Käufer nach den öffentlichen Äußerungen des Verkäufers, des Herstellers (§ 4 Abs. 1 und 2 des Produkthaftungsgesetzes) oder seines Gehilfen insbesondere in der Werbung oder bei der Kennzeichnung über bestimmte Eigenschaften der Sache erwarten kann, es sei denn, dass der Verkäufer die Äußerung nicht kannte und auch nicht kennen musste, dass sie im Zeitpunkt des Vertragsschlusses in gleichwertiger Weise berichtigt war oder dass sie die Kaufentscheidung nicht beeinflussen konnte.
(2) Ein Sachmangel ist auch dann gegeben, wenn die vereinbarte Montage durch den Verkäufer oder dessen Erfüllungsgehilfen unsachgemäß durchgeführt worden ist. Ein Sachmangel liegt bei einer zur Montage bestimmten Sache ferner vor, wenn die Montageanleitung mangelhaft ist, es sei denn, die Sache ist fehlerfrei montiert worden.
(3) Einem Sachmangel steht es gleich, wenn der Verkäufer eine andere Sache oder eine zu geringe Menge liefert.

👁 **Diskutiert gemeinsam, wie viel Prozent unseres Lebens käuflich zu erwerben, umtauschbar und reklamierbar sind.**

👁 **Macht eine Liste, was sich alles an euch mit Geld verändern ließe und was sich niemals mit Geld ändern ließe. (Denkt dabei an Aspekte wie Aussehen, Glück, Zufriedenheit, Beliebtheit, Zukunftschancen usw.)**

41 ■ Vom **Lügen**
■ **Betrügen**
■ und der **Moral**

(-: Sexygirl und Superboy im Chat :-)

Profil:

Nickname: **Wildkatze17**

Alter: ...

...

👁 **Ergänze das Profil von Wildkatze17 und schreib eine kurze Geschichte, die wie folgt anfängt:**

Tja, das ist mein Profil, oder besser gesagt, das Profil von einer, die ich gern wäre ...

👁 **Welchen Namen benutzt du im Chat? Und mit wem chattest du häufig? Mach eine Liste mit typischen Chat-Namen.**

👁 **Schau dir jeden einzelnen Namen an und überlege dir, welchen Eindruck die- oder derjenige mit ihrem/seinem Namen erwecken will.**

👁 **Glaubst du, bei deinen Freunden stimmt die Persönlichkeit mit ihrem Chat-Namen überein?**

👁 **Bist du schon einmal auf jemanden im Chat hereingefallen, der ganz falsche Angaben (Alter, Aussehen usw.) von sich gemacht hat?**

---

about:blank - Microsoft Internet Explorer

Datei   Bearbeiten   Ansicht   Favoriten   Extras   ?

Zurück   Vorwärts   Abbrechen   Aktualisie...   Startseite   Suchen   Favoriten   Wechseln zu   Links

Adresse 🔲 about:blank

Zickenbiest: Hey, du Raubtier <freu>

Wildkatze17: Auch <freu>, wer ist denn sonst noch da?

Superboy: Ich, Miezchen <Knuddelknutschi>

Wildkatze17: Oh Hallo Süßer, wie schön dich zu sehen!

PCWonder: Schnurrkätzchen, du wirst mich doch nicht etwa betrügen? Ich dachte ich bin dein Süßer?

Wildkatze17: Aber klar bist du das, Superboy ist doch nur ein guter Buddie von mir ;)

Sexygirl: Schönen guten Abend ihr Lieben <flöt>

Zickenbiest: Na, Sexygirlie, immer noch online liiert mit deinem DrBest?

Sexygirl: Klar doch, warum, willst du ihn mir ausspannen? <spöttischlächel>

Zickenbiest: Das habe ich nicht nötig, Girl, ich bin bis über beide Ohren verliebt <fg> nachdem es mit StarmanXY gekracht hat. Den will ich nie mehr sehen!

Wildkatze17: Oh Mann, schon wieder? Wer ist es denn diesmal?

Sexygirl: <lol> Kätzchen, das wollte ich auch gerade fragen!

PCWonder: Zickenbiest wechselt die online-lover echt wie Unterwäsche ...

🔲 Fertig   Inter

Aussage	richtig (% von über 400 Befragten)	falsch (% von über 400 Befragten)	keine Angabe (% von über 400 Befragten)
Am Chatten gefällt mir besonders, dass ich mit meiner Identität experimentieren kann	42,7 %	56,2 %	1,1 %
Es ist für mein Selbstwertgefühl wichtig, im Chat angesehen zu sein	29,0 %	70,2 %	0,8 %
Chatten hilft mir dabei, die unangenehmen Dinge des Alltags aus meinem Gedächtnis zu verdrängen	32,8 %	67 %	0,2 %
Bei intensivem Chatten stellt sich ein rauschähnlicher Zustand bei mir ein	20,1 %	78,9 %	1,1 %
Ich habe schon bemerkt, dass ich meine reale und meine virtuelle Identität durcheinanderbringe	8,5 %	90,1 %	1,5 %

— H.D. Zimmerl/B. Panosch/J. Masser, „Internetsucht" – Eine Neumodische Krankheit? Versuch einer Antwort anhand einer Untersuchung der Applikation: Chatroom http://gin.uibk.ac.at/thema/internetsucht/chat-teil3.html

■ Vom **Lügen**
■ **Betrügen**
■ und der **Moral**

„Wir helfen Ihnen bei der Verwirklichung Ihrer Träume, Wünsche und Bedürfnisse. Seriösität [korrekt müsste es übrigens heißen „Seriosität"] und Diskretion sind für uns nicht nur Worte, sondern Verpflichtung", wirbt eine Internet-Seitensprung-Agentur für sich. Hier kann man so genannte Sex-kontakte zu Sexpartnern suchen und finden – die Vermittlung kostet selbstverständlich ein gewisses Sümmchen. Das Geschäft mit dem per Computer passend ausgesuchten und diskret organisierten Seitensprung boomt seit Ende der 1990er-Jahre.

„Ich will springen"

„So wird's gemacht"

„Zu einer betrogenen Nacht, hätte ich vielleicht nichts gesagt"

— Herbert Grönemeyer, „Was soll das"

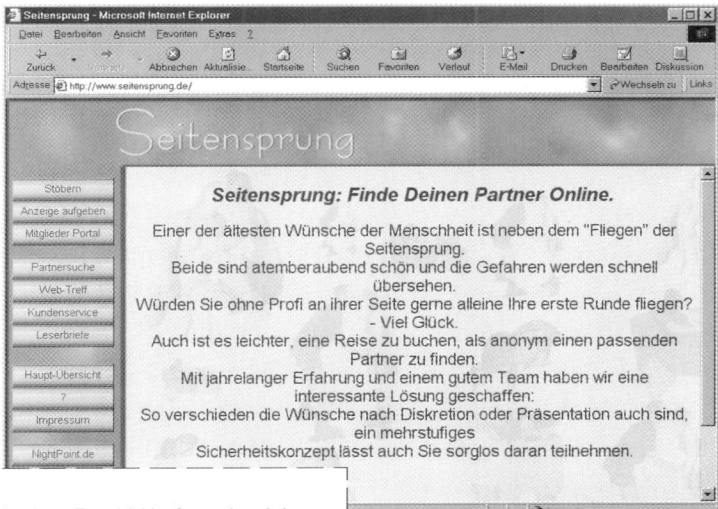

Seitensprung: Finde Deinen Partner Online.

Einer der ältesten Wünsche der Menschheit ist neben dem "Fliegen" der Seitensprung.
Beide sind atemberaubend schön und die Gefahren werden schnell übersehen.
Würden Sie ohne Profi an ihrer Seite alleine Ihre erste Runde fliegen? - Viel Glück.
Auch ist es leichter, eine Reise zu buchen, als anonym einen passenden Partner zu finden.
Mit jahrelanger Erfahrung und einem gutem Team haben wir eine interessante Lösung geschaffen:
So verschieden die Wünsche nach Diskretion oder Präsentation auch sind, ein mehrstufiges Sicherheitskonzept lässt auch Sie sorglos daran teilnehmen.

Nach einer Emnid-Umfrage im Jahr 2003 ist für 98 % der 20- bis 29-jährigen die körperliche Treue wichtig oder sogar sehr wichtig. 55,6 % der Befragten würden ihrem Partner einen Seitensprung nicht verzeihen. Quer durch alle Altersgruppen sprachen sich 95,9 % für die körperliche Treue aus. Dabei würde für 48,3 % ein Seitensprung des Partners das Aus für die Beziehung bedeuten. 37,6 % gäben ihrem Partner noch eine Chance. Diese Ergebnisse stehen in deutlichem Widerspruch zu einer Aussage der Internet-Seitensprung-Agentur: *„In den letzten Jahren ist der ‚Seitensprung' ein fester Bestandteil unserer Gesellschaft geworden. Nicht jeder wird darüber sprechen, aber es gibt fast niemanden mehr, ob prominent, adelig oder ganz normaler Durchschnittsbürger, der nicht schon seine Erfahrungen mit einem Seitensprung hatte, oder daran gedacht hat, es selbst zu probieren."*

Den Partner wechseln wie die Couchgarnitur

In der Anonymität der Chatrooms nehmen es viele mit der Monogamie und dem Verschweigen und Verheimlichen eines Seitensprungs nicht so genau: „Ich bin fremdgegangen und würde es wieder tun. Hat weder mir, meiner Ehe, noch meinem Gewissen geschadet", schreibt ein User. „Konsumdenken" nennt die Ehe- und Partnerschaftsberaterin Felicitas Lehnert diese Haltung. Die Austauschbarkeit einer alten Sesselgarnitur werde dabei auf die Partnerschaft übertragen. Die Eheberaterin warnt davor, Seitensprünge auf die leichte Schulter zu nehmen: „Ich habe schon zu oft erfahren, wie verletzt Betrogene sind."

— Vanessa Donner, Rheinische Post, 21.05.2003

👁 **Was sind deine Träume, Wünsche und Bedürfnisse? Gehört der Seitensprung dazu?**

👁 **Startet eine eigene Umfrage zum Thema Treue und Fremdgehen in der Klasse oder an der Schule. Entwerft dazu einen Fragebogen zum Ankreuzen.**

👁 **Diskutiert die These des Konsumdenkens beim Umgang und der Auswahl von Partnern. Hat sich die Gesellschaft in dieser Hinsicht verändert? Wie oft im Leben haben Leute aus der Generation deiner Großeltern ihre Couchgarnitur gewechselt? Und die Generation deiner Eltern? Und deine Generation? Glaubst du, es ließen sich Parallelen zum Verhalten gegenüber Partnern ziehen?**

■ Vom **Lügen**
■ **Betrügen**
■ und der **Moral**

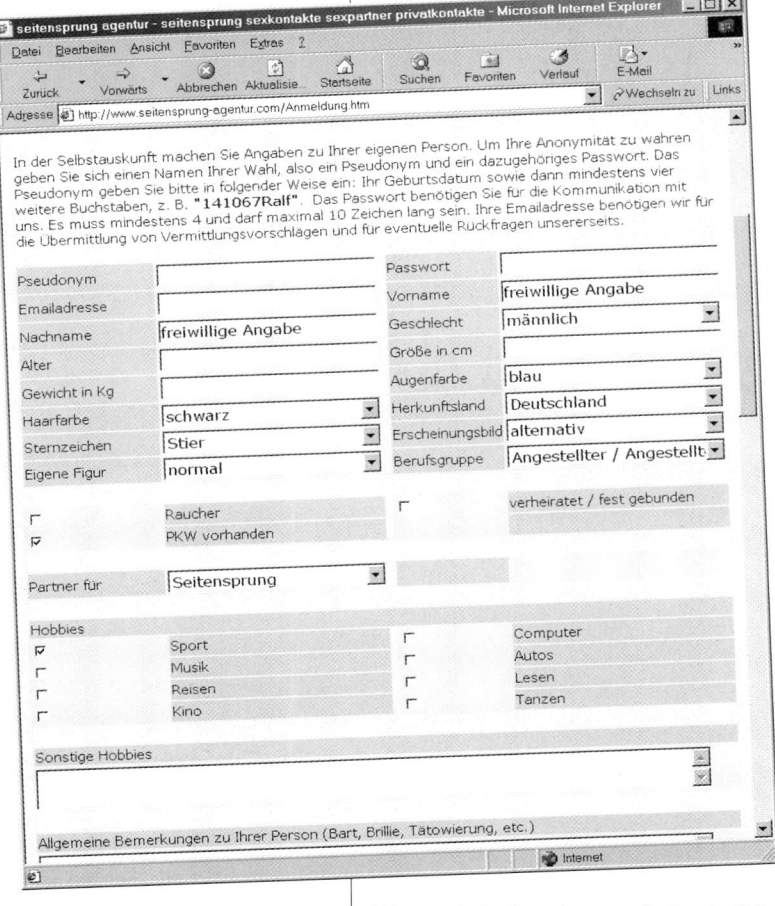

Wer nutzt die Seitensprung-Agenturen?

Nach eigenen Auswertungen einer Seitensprung-Agentur haben die „Kunden" folgende Altersstruktur (dabei bleibt zu hinterfragen, ob jeder „Kunde" sein Alter im Fragebogen wirklich korrekt angibt):

23 % der Kunden sind zwischen
18 und 30 Jahre alt,
36 % der Kunden sind zwischen
31 und 40 Jahre alt,
23 % der Kunden sind zwischen
41 und 50 Jahre alt,
10 % der Kunden sind zwischen
51 und 60 Jahre alt,
8 % der Kunden sind zwischen
61 und 80 Jahre alt.

Die soziale Struktur wird wie folgt angegeben:
bei 28 % der Kunden handelt es sich um
Leitende Angestellte oder Selbstständige,
bei 37 % der Kunden handelt es sich um **Angestellte,**
bei 14 % der Kunden handelt es sich um **Arbeiter,**
bei 10 % der Kunden handelt es sich um **Beamte,**
bei 9 % der Kunden handelt es sich um **Schüler/Studenten,**
bei 2 % der Kunden handelt es sich um **Arbeitslose.**

👁 **Schau dir die Rubrik „Finanzen" genau an. Kannst du dir vorstellen, wie der preiswertere „Frauentarif" zu erklären ist?**

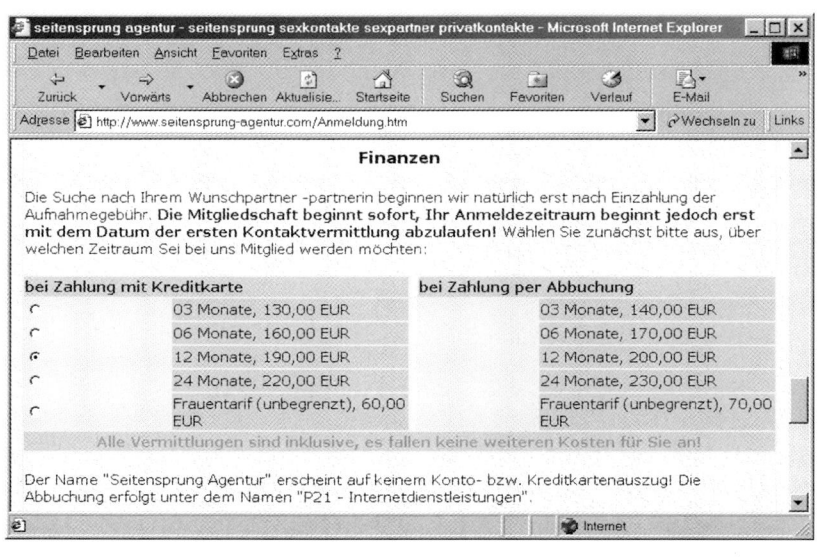

■ Vom **Lügen**
■ **Betrügen**
■ und der **Moral**

© Verlag an der Ruhr ☞ Postfach 102251 ☞ 45422 Mülheim an der Ruhr ☞ www.verlagruhr.de

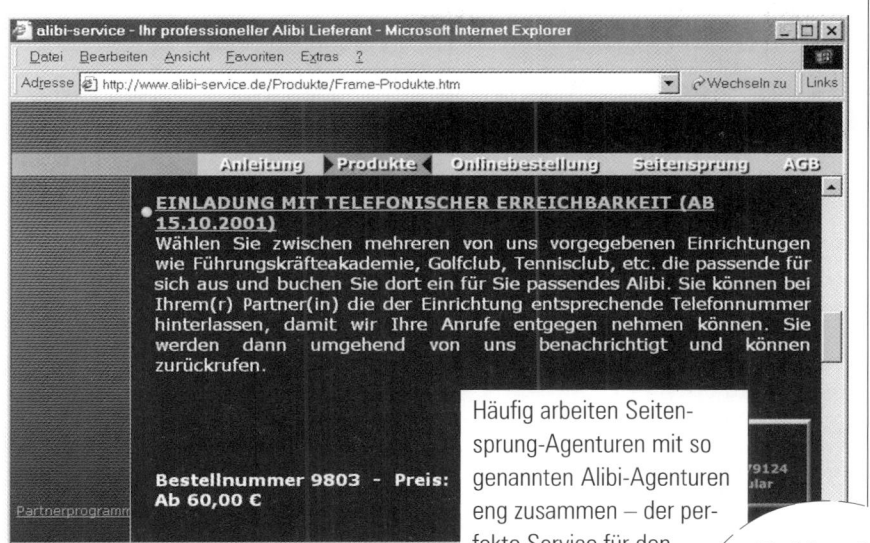

EINLADUNG MIT TELEFONISCHER ERREICHBARKEIT (AB 15.10.2001)

Wählen Sie zwischen mehreren von uns vorgegebenen Einrichtungen wie Führungskräfteakademie, Golfclub, Tennisclub, etc. die passende für sich aus und buchen Sie dort ein für Sie passendes Alibi. Sie können bei Ihrem(r) Partner(in) die der Einrichtung entsprechende Telefonnummer hinterlassen, damit wir Ihre Anrufe entgegen nehmen können. Sie werden dann umgehend von uns benachrichtigt und können zurückrufen.

Bestellnummer 9803 - Preis: Ab 60,00 €

alibi-service.de® - Postfach 100 209 - 73514 Schwäb...

Häufig arbeiten Seitensprung-Agenturen mit so genannten Alibi-Agenturen eng zusammen – der perfekte Service für den voll durchorganisierten Betrug des Partners.

> Die Lüge tötet die Liebe. Aber die Aufrichtigkeit tötet sie erst recht.
>
> — Ernest Hemingway

In der Liebe ist alles erlaubt ...

35 Prozent der Männer gaben an, in der Liebe sei alles erlaubt, auch eine Lüge. Von den Frauen sehen dies nur knapp 27 Prozent so. Insgesamt lügen Frauen aber aus ganz anderen Motiven als Männer. Frauen lügen eher, um ihre Familie zu schützen oder in ein günstiges Licht zu rücken und wenn sie die Gefühle anderer schützen können.

Und Frauen wägen eher ab, welchen Schaden sie anderen mit einer Lüge zufügen könnten. Männer lügen dagegen eher, um sich ihre Freiheit und Unabhängigkeit zu bewahren.

Und Männer wollen mit Lügengeschichten ihren Status vor anderen verbessern (z.B. „Ich fahre Mercedes" – er hat aber einen Golf).

Jesus und die Ehebrecherin

Da brachten die Schriftgelehrten und die Pharisäer eine Frau, die beim Ehebruch ertappt worden war. Sie stellten sie in die Mitte und sagten zu [Jesus]: Meister, diese Frau wurde beim Ehebruch auf frischer Tat ertappt. Mose hat uns im Gesetz vorgeschrieben, solche Frauen zu steinigen. Nun, was sagst du? [...] Als sie hartnäckig weiterfragten, richtete [Jesus] sich auf und sagte zu ihnen: Wer von euch ohne Sünde ist, werfe als erster einen Stein auf sie. [...] Als sie seine Antwort gehört hatten, ging einer nach dem anderen fort, zuerst die Ältesten. Jesus blieb allein zurück mit der Frau [...]

— Die Bibel, Einheitsübersetzung, Herder, 1995, Neues Testament, Johannes 8, 3–9

Diskutiert folgende Fragen:
- Ist Ehrlichkeit nach einem Seitensprung gut oder ist eine „Notlüge" besser?
- Macht es einen Unterschied, ob eine Frau oder ein Mann fremdgeht?

Lest die Geschichte von Jesus und der Ehebrecherin. Ergänzt diese Geschichte, indem ihr euch in die Rolle eines der Beteiligten versetzt, die nicht zu Wort kommen. Schreibt die Gedanken und Gefühle dieser Person auf. Hier einige Vorschläge:
- Was denkt der Mann, mit dem diese Frau ihren Ehemann betrogen hat? Macht er sich Sorgen um die Frau? Fühlt er sich selbst schuldig?
- Was denkt der Mann, der als erster der Ankläger fortgeht? Woran erinnert er sich? Was denkt er über Jesus Bedingung?
- Was denkt der Mann, der als letzter der Ankläger fortgeht? Was geht in seinem Kopf vor? Warum bleibt er so lange noch dort? Warum geht er schließlich doch? Was denkt er über Jesus? Was denkt er über die Ehebrecherin?
- Was denkt der Ehemann der Angeklagten? Will er, dass sie gesteinigt wird? Was wünscht er sich?

Führt anschließend eine Diskussion, in der jeder seine Rolle vertritt.

© Verlag an der Ruhr ❦ Postfach 102251 ❦ 45422 Mülheim an der Ruhr ❦ www.verlagruhr.de

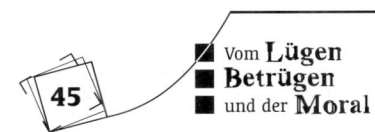

Vom **Lügen**
Betrügen
und der **Moral**

◆ Vertrauen?

Gruppe A:

Du hast mit jemandem, der dir nichts weiter bedeutet, ein Ding gedreht. Aber man hat euch beide erwischt und eingesperrt. Nun wartet ihr auf euren Prozess. Ihr werdet getrennt in euren Einzelzellen verhört, dürft euch aber ab und zu treffen und miteinander reden. Der Staatsanwalt bietet nun jedem von euch den folgenden Handel an (und sagt dazu, dass er euch beiden das Gleiche vorschlägt und der andere dies auch weiß):

„Wir haben eine ganze Menge Verdachtsmomente gegen euch. Es reicht, um euch beide für zwei Jahre einzusperren, wenn ihr weiter unschuldig tut. Aber wenn du alles zugibst und uns so hilfst, den anderen zu verknacken, dann lassen wir dich laufen. Und keine Angst, dass er sich rächt: Der brummt erst mal fünf Jahre. Also, wie steht's?"

Misstrauisch fragst du: *„Und was, wenn wir beide gestehen?"* – *„Tja, dann wandert ihr beide für vier Jahre in den Knast."*

Die Arbeitsanweisungen (linke Spalte):

👁 Teilt euch in zwei Gruppen A und B.
Lies die Geschichte deiner Gruppe zunächst für dich allein. Überlege dir genau, welche Möglichkeiten du unter den genannten Voraussetzungen hast. Prüfe auch, welche Handlung du von deinem Komplizen erwartest. Entscheide dich: Wie würdest du handeln?

👁 **Teile deine Entscheidung der Gruppe mit und erläutere, warum du dich so entschieden hast. Höre dir die Entscheidungen und Begründungen der anderen Gruppenmitglieder an.**

👁 **Versucht jetzt, euch gemeinsam in der Gruppe zu einigen, welches Verhalten richtig wäre. Bedenkt stets auch die Konsequenzen eurer Entscheidung. Schreibt die Entscheidung der Gruppe und ihre Begründung auf – falls ihr euch gar nicht einigen konntet, notiert die unterschiedlichen Möglichkeiten mit ihren Begründungen.**

👁 **Nennt Bedingungen, unter denen eure Entscheidung anders ausgefallen wäre.**

Gruppe B:

Du besitzt viel Geld und möchtest dafür etwas anderes kaufen (z.B. Briefmarken o. Diamanten). Mit dem einzigen Händler dieser Ware, den du kennst, vereinbarst du ein für beide Seiten befriedigendes Tauschgeschäft. Aus irgendeinem Grund muss der Tausch jedoch geheim bleiben. Ihr vereinbart, dass jeder von euch einen Sack an einem vereinbarten Ort im Wald deponiert und den Sack des anderen aus dessen Versteck abholt. Euch beiden ist auch klar, dass ihr euch nie wieder begegnet und keine weiteren Geschäfte miteinander machen werdet.

— Nach: Douglas R. Hofstadter, Metamagikum – Kann sich in einer Welt voller Egoisten kooperatives Verhalten entwickeln? In: Spektrum der Wissenschaft, August 1983, S. 8 f.

Vom **Lügen**
■ **Betrügen**
■ und der **Moral**

© Verlag an der Ruhr ✐ Postfach 102251 ✐ 45422 Mülheim an der Ruhr ✐ www.verlagruhr.de

Illusionen – 2. Täuschung, Vertrauensmissbrauch, Betrug

Schöne Lügen in Theater und Kino

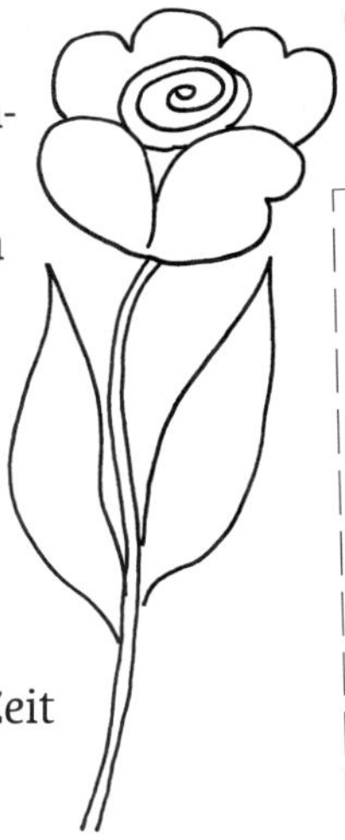

Manchmal lassen wir Menschen uns gern ein wenig belügen, beispielsweise im Theater oder im Kino. Wir bezahlen sogar für diese Art von Lug und Betrug, da sie uns aus der Realität in eine andere Welt entführt und uns unsere Alltagsprobleme für eine Zeit vergessen lässt.

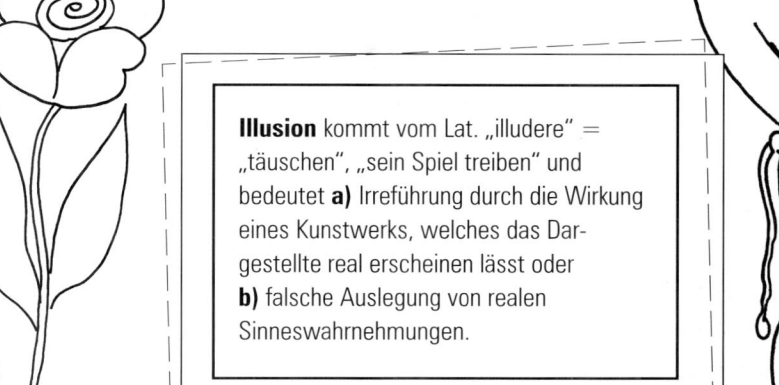

Illusion kommt vom Lat. „illudere" = „täuschen", „sein Spiel treiben" und bedeutet **a)** Irreführung durch die Wirkung eines Kunstwerks, welches das Dargestellte real erscheinen lässt oder **b)** falsche Auslegung von realen Sinneswahrnehmungen.

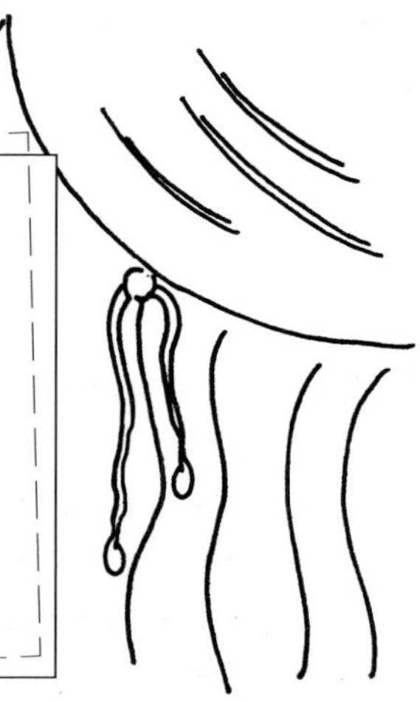

Das Theater und die Illusion

Um 1900 erreichte das naturalistische bürgerliche Illusionstheater mit dem Moskauer Künstlertheater von Konstantin S. Stanislawski (1863–1938) den Höhepunkt illusionistischer Perfektion.
Als Gegenentwurf zum Illusionstheater entwickelte Bertolt Brecht (1898–1956) das Epische Theater. Er wollte die Theateraufführung als Vorführung kenntlich machen und weg von der Illusion. Der Zuschauer soll eben gerade nicht die Realität, dass er gerade im Theater sitzt, vergessen. Bei der Uraufführung seines Stückes „Trommeln in der Nacht" ließ Brecht Plakate aufhängen, auf denen „Glotzt nicht so romantisch" stand.
Eine Zusammenfassung seiner wichtigsten Überlegungen zum Epischen Theater gibt Brecht in „Die Straßenszene. Grundmodell einer Szene des epischen Theaters".

Der Film und die Illusion

Filme gaukeln Realität vor, sie zeigen eine Welt, die so nicht existiert! Autos explodieren, Flugzeuge stürzen ab und Häuser fallen in sich zusammen. Selbstverständlich geschieht dies nur auf der Leinwand bzw. in den Filmstudios. Aber Filme schaffen auch noch auf einer anderen Ebene eine Illusion. Im Unterschied zum Theater wird der Blick des Zuschauers beim Film stärker gelenkt. Die Bildausschnitte sind vorgegeben und der Zuschauer kann nicht wählen, wo er hinsieht. Dies ist insbesondere bei der subjektiven Kamera der Fall. Sie filmt die Umwelt einer Figur so, wie diese sie mit ihren Augen sehen würde: in Bewegung und auf den Ausschnitt begrenzt, der ihrem Gesichtsfeld entspricht. Sie zwingt uns Zuschauern dadurch die Perspektive einer Figur auf, meist der Hauptfigur der Handlung. Nicht selten identifizieren wir uns durch diesen technischen „Trick" mit der Hauptfigur und lachen und leiden mit ihr.

In seinem Film „The Purple Rose of Cairo" (1985) hat Woody Allen mit dem Thema Illusion und Realität gespielt. Der Hauptdarsteller Baxter steigt von der zweidimensionalen Leinwand herab und verlässt mit der verblüfften Zuschauerin Cecilia den Kinoraum. Im wirklichen Leben tut sich der von Cecilia bewunderte Filmheld jedoch schwer. Er zahlt unbekümmert mit Spielgeld und wundert sich über die Reaktion des Kellners. Ebensowenig versteht er, wieso ein parkendes Auto, mit dem er vor dem wütenden Kellner zu fliehen versucht, nicht einfach wie im Film anspringt, sobald er hinter dem Steuer sitzt. Zum Happy End kommt es erst, als Baxter Cecilia mit zurück in die Welt des Films nimmt.

47
Vom Lügen Betrügen und der Moral

Illusionen –

Zauberer und Magier

Projektvorschlag

◎ **Sucht euch das Thema aus, welches euch am meisten anspricht (Theater, Film oder Zauberei). In kleinen Gruppen recherchiert ihr nun zu „eurem" Thema. Geht z.B. der Frage nach, wie und mit welchen technischen Mitteln Illusionen aufgebaut werden, oder welche Rolle dabei das Publikum spielt, wozu der Zuschauer bereit sein muss usw. Ihr könnt euch bei der Recherche von den Namen und Begriffen in den Texten auf dieser und der vorhergehenden Seite leiten lassen. Eure Rechercheergebnisse solltet ihr so aufbereiten, dass ihr einen kurzen, informierenden Vortrag halten könnt.
So richtig spannend wird euer Vortrag, wenn ihr zur Veranschaulichung ein praktisches Beispiel einbaut:**

• Sucht ein kurzes Stück oder einen Ausschnitt aus einem Theaterstück aus und tragt es vor oder studiert es ein und führt es auf.

• Zeigt einen passenden Filmausschnitt oder dreht selbst einen kurzen Film.

• Führt selbst einen Zaubertrick vor.

Es ist schwer zu sagen, wer das erste Kaninchen aus dem Zylinder gezaubert hat. Aber man kann davon ausgehen, dass Zauberei und Magie sehr alt und wahrscheinlich aus religiösen Ritualen entstanden sind. Bereits Homer berichtet in seiner „Odyssee" (um 700 v. Chr.) von einer Zauberin. Es ist Circe, die u.a. die Besatzung von Odysseus' Schiff in Schweine verwandelte.
(unter www.hexenburg.de/Bibliothek/Magie/Magier/magier.html *findet ihr weitere mythische Magier).*

Einer der bekanntesten Zauberer des letzten Jahrhunderts war Harry Houdini (1874–1926). Er ging als einer der größten Entfesselungskünstler in die Geschichte der Zauberei ein. Er ließ sich fesseln und dann z.B. in einen Sack einschnüren oder in einen Koffer einschließen. Und Houdini gelang es immer wieder, sich zu befreien.

Ein anderer berühmter Zauberer unserer Zeit ist der Amerikaner David Copperfield. Mit seinen magischen Illusionen setzte er neue Maßstäbe in der Welt der Zauberei. So ließ er die Freiheitsstatue in New York verschwinden, ging durch die Chinesische Mauer hindurch und ließ Zuschauer aus dem Publikum verschwinden und sie an ganz anderen Orten wieder auftauchen. www.davidcopperfield.de

Auf www.zauberseite.de/zaubertricks.htm könnt ihr euch verzaubern lassen, und unter www.mzvd.de findet ihr den „Magischen Zirkel von Deutschland e.V."

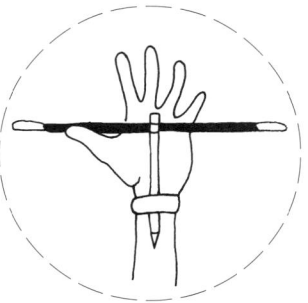

© Verlag an der Ruhr ❧ Postfach 102251 ❧ 45422 Mülheim an der Ruhr ❧ www.verlagruhr.de

Vom **Lügen** **Betrügen** und der **Moral**

Lügen
zum Erfolg

Der beste Lügner
   ist der,
der mit den wenigsten
   Lügen
am weitesten kommt.
— *Samuel Butler der Ältere,*
englischer Schriftsteller

Schwindeln nutzt der Karriere

Lies dir den Text aufmerksam durch und beantworte folgende Fragen:

- Was bedeutet der Begriff „Selbstlüge"?
- Welche Beispiele für Selbstlügen bietet der Text?
- Hast du dich selbst schon einmal belogen? Wie?

Diskutiert gemeinsam:

- Kann eine Selbstlüge auch schaden? Findet Beispiele.
- Wem könnte sie schaden: bloß einem selbst oder auch anderen?

— **Apotheken-Umschau, Heft 02/2002, S. 59 ff.**

Schwindeln ist gesund, lebenswichtig und hilft bei der Karriere!

Professor Peter Stiegnitz — weltweit führender Lügenforscher aus Österreich — sagt, andere zu belügen, komme nicht so häufig vor wie sich selbst zu belügen. Er bezeichnet die Selbstlüge als eine „Begabung des Menschen". Eine amerikanische Studie mit krebskranken Frauen habe Folgendes ergeben: Nach einer Brustamputation traten bei 75 Prozent der Patientinnen auch nach fünf Jahren keine neuen Geschwülste auf, wenn sie sich einredeten, geheilt zu sein. Von den Frauen, die den Krebs jedoch akzeptierten, überlebten nur 35 Prozent, ohne dass eine erneute Krebsdiagnose erstellt

wären wir weitaus depressiver." Biologen meinen sogar, der heutige Mensch sei nur darum so intelligent, weil er immer besser zu lügen gelernt hat. Schwindeln treibt das Gehirn zu Höchstleistungen an. Die Fähigkeit zur Lüge ist also ein Intelligenzmerkmal. Professor Stiegnitz meint, Karrieristen setzten eher auf Diplomatie (die kleine Schwester der Lüge) als auf Fleiß und Ausdauer. Und uns diplomatisch zu verhalten, also zwischen Wahrheit und Lüge zu unterscheiden, lernen wir bereits im Alter von zwei bis vier Jahren. Ein Beispiel: „Sag der Omi nicht noch einmal, dass du ihren

Lügen von Berufs wegen

Die Berufsgruppen neigen am ehesten zum Lügen	sagen so viel Prozent	Diesen Berufsgruppen würde man vertrauen	sagen so viel Prozent
Politiker	93,1	Ärzte	81,1
Gebrauchtwagenhändler	92,5	Apotheker	79,1
Immobilienmakler	88,9	Rechtsanwälte	56,6
Versicherungsvertreter	88,6	Meinungsforscher	54,5

Projektvorschlag:

◎ **Schaut euch die Statistik an. Glaubt ihr, es gibt Jobs, in denen man „beruflich" lügen oder schwindeln muss? Welche Jobs sind das? Macht eine Hitliste. Ihr könnt diese Hitliste an die Wand hängen und weiterführen: Wenn ihr in den kommenden Tagen besonders darauf achtet, werden euch bestimmt einige „professionelle Schwindeleien" im Alltag begegnen.**

wurde. Professor Stiegnitz folgert: „Die Selbstlüge ist lebensnotwendig und gesund."
Auch für das Selbstbewusstsein ist die Selbstlüge wichtig. Macht einem niemand ein Kompliment, dann sollte man dies selbst tun („Heute seh' ich aber wieder gut aus"). Professor Stiegnitz meint, sich selbst belügen zu können, sei eine Art Hygiene für die Seele: „Ohne diese Fähigkeit

Kuss widerlich findest, hörst du?!" Je intelligenter das Kind ist, desto früher begreift es die mahnendfreundliche Botschaft der Eltern. Schließlich kann es auch um einen Vorteil gehen: „Sagst du es noch mal, bringt sie dir das nächste Mal nichts mit." Spätestens jetzt sollte der Enkel begriffen haben, dass man es im Leben nur mit Diplomatie zu etwas bringt.

© Verlag an der Ruhr ✎ Postfach 102251 ✎ 45422 Mülheim an der Ruhr ✎ www.verlagruhr.de

■ Vom **Lügen**
■ **Betrügen**
■ und der **Moral**

Lebenslauf

– Schwindeln nutzt der Karriere

Lebenslauf:
Wie viel Schönfärberei ist erlaubt?

Eineinhalb Jahre arbeitete Gert Postel als Oberarzt für Psychiatrie in einem Landeskrankenhaus bei Leipzig. Dann flog der Schwindel auf. Postel war nur gelernter Briefträger mit Hauptschulabschluss. Um an seinen Traumjob zu kommen, hatte er seine Bewerbungsunterlagen frisiert. Der Hochstapler kassierte 1999 für den Schwindel vier Jahre Haft wegen Amtsanmaßung und Betrug. Ein schwerer Fall, aber nicht der einzige: In Bewerbungen wird heute geschummelt wie selten zuvor. Die Chancen stehen gut für Blender: Nur selten werden sie entdeckt. Nahezu jede dritte Bewerbung enthält Angaben, die nicht den Tatsachen entsprechen. Das ergab eine Untersuchung der Detektei Kocks aus Düsseldorf. „Von Schönfärberei bis Urkundenfälschung ist alles dabei", konstatiert Geschäftsführer Manfred Lotze. Experten wie er schätzen den Schaden bei deutschen Unternehmen, der allein durch Tricks, Täuschungen und Titelfälschungen entsteht, auf 40 Milliarden Mark jährlich – Tendenz steigend. „Corriger la fortune" – dem Glück ein wenig nachhelfen – nennen das die Franzosen. Doch wie weit dürfen Bewerber gehen, wenn sie sich um einen Posten bewerben? Was darf man verschweigen, wie dick darf man auftragen, um nicht mit dem Gesetz in Konflikt zu kommen?

„Die Lüge ist gesetzlich nicht verboten, kleine, wohl dosierte Unwahrheiten verzeihlich", so Detektiv Lotze. „Gibt ein Kandidat zum Beispiel an, er hätte in seinem vorherigen Unternehmen die Verantwortung für drei Untergebene gehabt, dabei war es aber nur ein Azubi, dann ist das gerade noch akzeptabel", erklärt er. „Ganz anders sieht es aus, wenn er sich als Abteilungsleiter von 100 Mitarbeitern verkauft, aber tatsächlich nur drei unter sich hatte. Das ist eindeutig Betrügerei und kann nach der Einstellung zu einer fristlosen Kündigung führen."

— **Wirtschaftswoche 25.6.2001**

Die häufigsten Lügen im Beruf:

„Mein Wagen sprang nicht an."
„Ich bin im Stau steckengeblieben."
„Schön, dass Sie anrufen, ich beschäftige mich gerade mit der Sache."
„Wir sind zur Zeit stark überlastet, kümmern uns aber sobald wie möglich darum."
„… ist gerade in einer Besprechung/Sitzung."
„Wir haben zur Zeit leider ein Computerproblem."
„Wir bringen's heute noch auf die Post".
„Ihre Mail ist bei uns nicht angekommen."
„Wir melden uns umgehend bei Ihnen zurück."

👁 **Würdest du in deinem Lebenslauf oder deiner Bewerbung falsche Angaben machen? Lohnt sich das deiner Meinung nach?**

👁 **Diskutiert folgenden Fall:**
Nico hat während der Ferien im Betrieb seines Onkels mit Kopieren und Post wegbringen sein Taschengeld ein wenig aufgebessert. Es würde in seinem Lebenslauf sicher einen guten Eindruck machen, ein „Vierwöchiges Praktikum in der Firma XY" anzugeben … Gelogen wäre das nicht, aber schon ein wenig übertrieben.

Projektvorschlag

◎ **Stell dir vor, du bewirbst dich beim Kfz-Betrieb/in einer Zahnarztpraxis um ein Praktikum.**
Schreibe eine kurze Bewerbung mit Lebenslauf. Schildere darin deine Fähigkeiten, Eigenschaften und Hobbys ehrlich und ohne Übertreibung. Schreibe ordentlich und lass jeweils viel Platz zwischen den Zeilen. Nimm anschließend einen Rotstift und überarbeite deine Bewerbung so, dass sie nur den besten Eindruck von dir vermittelt. Überlege dazu zunächst, welches Wunschbild dein zukünftiger Arbeitgeber wohl von einem Bewerber hat. Versuche, dem so gut wie möglich zu entsprechen. **Vergleicht eure Bewerbungen und achtet darauf, wie „rot" sie sind. Wie groß sind die Unterschiede zwischen euren ehrlichen und euren geschönten Bewerbungen?**

Vom **Lügen** **Betrügen** und der **Moral**

Bewerbungsgespräch

– Schwindeln nutzt der Karriere

Darf der Bewerber lügen?

Bei Bewerbungs- und Vorstellungsgesprächen wird der Bewerber häufig erst mal so richtig „ausgequetscht". Der Arbeitgeber will schließlich wissen, mit wem er sich da einlässt. Die Neugier des Arbeitgebers ist zwar nachvollziehbar, aber oftmals gehen die Fragen über die Vergangenheit und das Privatleben des Bewerbers einfach zu weit. Unzulässige, rechtswidrige Fragen muss der Bewerber theoretisch nicht beantworten. Aber was soll er tun, wenn er gefragt wird? Dem Arbeitgeber ins Gesicht sagen „Sie wissen ganz genau, dass diese Frage gegen das Recht auf Schutz der Persönlichkeit verstößt, daher werde ich sie nicht beantworten"? Das wäre zwar ehrlich, gleichzeitig aber wohl auch das Ende des Gesprächs.

Hans G. Rühle, Direktor des Arbeitsgerichts Marburg, formuliert in seinen Tipps zum Arbeits- und Bewerbungsrecht folgenden Grundsatz: „Der Bewerber/Arbeitnehmer muss nur die Fragen wahrheitsgemäß beantworten, die der Arbeitgeber rechtmäßig, zulässig und im Rahmen der Verhältnismäßigkeit ihm gestellt hat. Insoweit besteht kein Recht zur Lüge. Ist dagegen die Frage des Arbeitgebers rechtswidrig und unverhältnismäßig, so darf der Arbeitnehmer lügen! Eine solche Lüge schadet nicht."

— www.bewerbungsmappen.de/links/Arbeitsrecht/Arbeitsrecht_9/arbeitsrecht_9.html

---

Projektvorschlag

◎ **Stellt ein Bewerbungsgespräch nach.**
   Notiere dir dazu zunächst auf einen Zettel, was du als Bewerber gerne deinem zukünftigen Arbeitgeber von dir vermitteln willst. Notiere dir auf der Rückseite, was du als Arbeitgeber von einem Bewerber gerne wissen möchtest.

◎ **Jeweils ein Bewerber und ein Arbeitgeber führen nun ein Bewerbungsgespräch (ihr dürft dabei euren vorbereiteten Zettel zu Hilfe nehmen). Die anderen beobachten das Gespräch genau und notieren Fragen, die der Arbeitgeber so nicht hätte stellen dürfen und schreiben auf, an welchen Stellen der Bewerber ihrer Meinung nach übertrieben oder sogar gelogen hat.**

◎ **Führt mehrere kurze Bewerbungsgespräche zwischen verschiedenen Arbeitgebern und Bewerbern – wechselt anschließend die Rollen.**

◎ **Diskutiert, ob es möglich ist, beim Bewerbungsgespräch ganz ehrlich zu sein. Wovon hängt es eurer Meinung nach ab, wie sehr man beim Bewerbungsgespräch übertreibt?**

Zulässige und unzulässige Fragen

Grundsätzlich sind persönliche Fragen an den Bewerber, die direkt mit den Anforderungen des Arbeitsplatzes und den im Vertrag geregelten Arbeitsbedingungen zusammenhängen, erlaubt (z.B. in einer Bäckerei die Frage nach einer Mehlstauballergie).

Gegen das Recht auf Schutz der Persönlichkeit verstoßen folgende Fragen:

— Fragen nach den finanziellen Verhältnissen (außer bei leitenden Angestellten und Personen in Vertrauensstellungen, z.B Schaltertätigkeit in einer Bank)

— Fragen nach Partei-, Kirchen oder Gewerkschaftszugehörigkeit (außer bei parteilichen und kirchlichen Unternehmen und in Gewerkschaften)

— Fragen nach dem bisherigen Gehalt (Ausnahme: z.B. bei VerkäuferInnen, wo das Gehalt Rückschlüsse auf die Qualifikation zulässt)

— Frage nach Lohnpfändungen

— Frage nach Vorstrafen (außer z.B. bei Jobs im Wach- und Sicherheitsdienst und Fragen zu Verkehrsdelikten bei Kraftfahrern)

— Frage nach einer Schwangerschaft oder der Familienplanung

— Frage nach Krankheiten (außer nach berufsrelevanten Krankheiten)

— Frage nach Abstammung und Herkunft

— Frage nach der Leistung von Wehr- oder Zivildienst

© Verlag an der Ruhr ❀ Postfach 102251 ❀ 45422 Mülheim an der Ruhr ❀ www.verlagruhr.de

Vom **Lügen**
Betrügen
und der **Moral**

Schummeln in der Schule

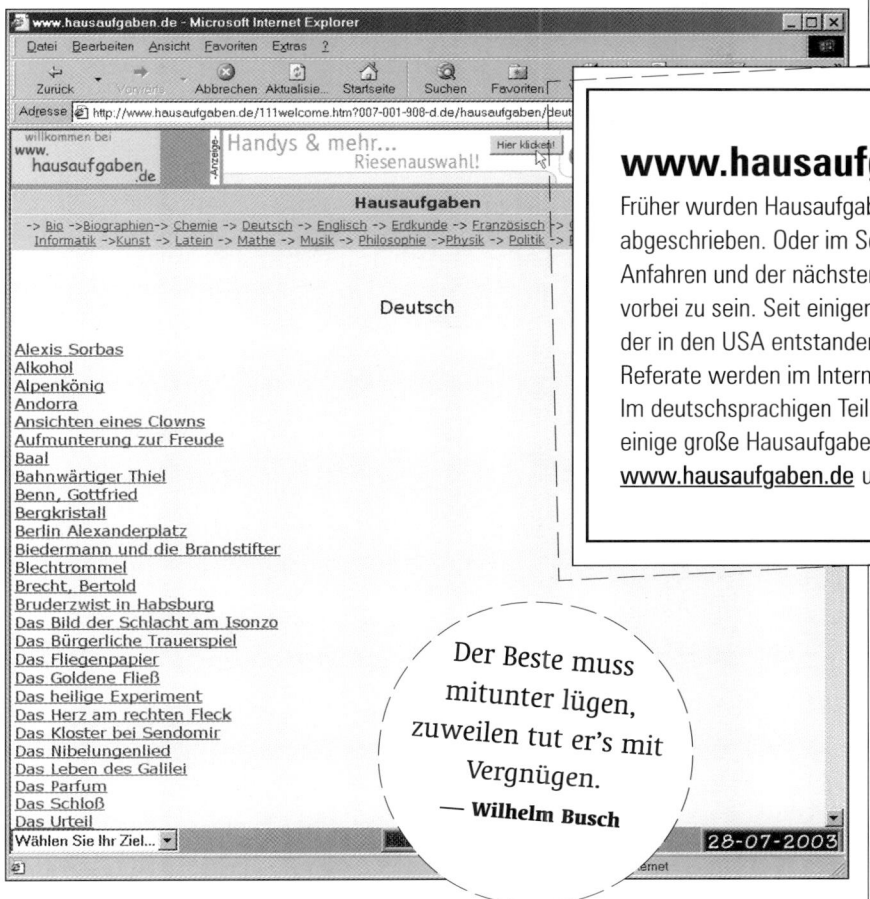

www.hausaufgaben.de

Früher wurden Hausaufgaben heimlich auf dem Klo abgeschrieben. Oder im Schulbus zwischen Halten und Anfahren und der nächsten Kurve. Aber diese Zeiten scheinen vorbei zu sein. Seit einigen Jahren gibt es einen neuen Trend, der in den USA entstanden ist: Hausaufgaben, Klausuren und Referate werden im Internet als Download angeboten. Im deutschsprachigen Teil des Internets gibt es bereits einige große Hausaufgabensammlungen wie www.hausaufgaben.de und www.abi-tools.de.

Der Beste muss mitunter lügen, zuweilen tut er's mit Vergnügen.
— **Wilhelm Busch**

Diskutiert folgende Thesen:

- Es ist moralisch verwerflicher, Hausaufgaben von einer professionellen Internetseite herunterzuladen, als von einem Mitschüler abzuschreiben.
- Schüler, die bei Hausaufgaben, Referaten und Klausuren nicht betrügen, sind benachteiligt.
- Schüler, die nicht schummeln, sind selbst Schuld!

Projektvorschlag

◎ **Führt eine anonyme Umfrage durch: Entwerft dazu zuerst einen Fragebogen. Links seht ihr ein Beispiel.**

◎ **Wertet die Fragebögen aus. Versucht anhand der Antworten eine Aussage zu treffen, ob die Hausaufgabensammlungen im Internet einen positiven, gar keinen oder einen negativen Einfluss auf das Lernen und den Erfolg in der Schule haben.**

ja	nein	
☐	☐	→ Hast du schon mal von www.hausaufgaben.de oder einer ähnlichen Seite Hausaufgaben, Referate o.ä. heruntergeladen?
		→ Wenn ja, wie oft?
☐	☐	→ Hast du so getan, als hättest du das dort Gefundene selbst erarbeitet?
☐	☐	→ Ist dem Lehrer aufgefallen, dass du geschummelt hast?
		→ Wie oft ist das passiert?
☐	☐	→ Waren die „geklauten" Lösungen/Arbeiten überhaupt korrekt?
		→ Wie lange hat es gedauert, im Internet fündig zu werden?
☐		→ Wie lange hätte es gedauert, Entsprechendes selbst zu erarbeiten?
		→ Hast du das, was du abgeschrieben hast, komplett verstanden?
☐	☐	→ Glaubst du, die im Internet zur Verfügung gestellten Aufgaben können auch eine Hilfe sein, um den Schulstoff besser zu verstehen?
☐	☐	→ Hältst du die bei www.hausaufgaben.de angebotenen Aufsätze und Referate für eine gute Informations- und Materialquelle, aus der man sich wie z.B. aus einem Lexikon bedienen kann?
		→ Kennen deine Lehrer diese Internetseiten?
☐	☐	→ Hast du diese Seiten schon von einem Lehrer empfohlen bekommen?
☐	☐	usw.

© Verlag an der Ruhr ✎ Postfach 102251 ✎ 45422 Mülheim an der Ruhr ✎ www.verlagruhr.de

Vom **Lügen**
Betrügen
und der **Moral**

Definition Lüge

Lüge, bewusst falsche Aussage, auf Täuschung angelegte Aussage; sie liegt auch dann vor, wenn Tatsachen mit Absicht verschwiegen oder entstellt wiedergegeben werden. Da Wahrhaftigkeit eine der Grundlagen des menschlichen Zusammenlebens und eine Forderung der Selbstachtung ist, stimmen alle Richtungen der Ethik in der Verwerfung der Lüge überein. Mögliche Beweggründe der Lüge sind: Angst und Feigheit aus Scheu vor der Verantwortung der Wahrheit, vor mutmaßlichen Konsequenzen, die eine wahre Aussage für den Betreffenden oder andere hat; Geltungsbedürfnis (Prahlerei), Berechnung (Heuchelei, Verstellung), Bosheit (Verleumdung, Rachsucht).

Nicht immer als verwerflich gelten die ‚konventionellen' Lügen (z. B. Gebrauch von Höflichkeitsformeln), gegebenenfalls die Not-Lüge; in ethischer Hinsicht kontrovers diskutiert, jedoch vielfach praktiziert wird die Lüge aus Schonungsabsicht (etwa durch den Arzt). Das Problem der Lüge wurde bereits im Rahmen der griechischen Tugendlehre (Aristoteles), später u. a. in der christlichen Ethik (Augustinus, Thomas von Aquino) diskutiert.

— Brockhaus – Lüge, Bd. 13, S. 603, 1990

> *Die Strafe für den Lügner besteht nicht darin, dass man ihm nicht glaubt, sondern darin, dass er selbst niemandem mehr glauben kann.*
> — George Bernhard Shaw

👁 **Lies dir die Brockhaus-Definition von Lüge sorgfältig durch.**

👁 **Mach eine Liste der verschiedenen im Artikel erwähnten Arten von Lügen.**

👁 **Finde dazu jeweils ein praktisches Beispiel.**

Projektvorschlag

◎ **Besorgt euch mehrere verschiedene Zeitschriften und Zeitungen.**

◎ **Sammelt alle Überschriften, in denen Begriffe wie „Lüge", „Betrug", „Moral", „Täuschung" usw. vorkommen. Ihr könnt die entsprechenden Titel auch ausschneiden und auf einem Plakat oder großen Blatt Papier eine Collage daraus basteln.**

◎ **Überlegt anschließend, wie viele Zeitungen/Zeitschriften ihr durchgesehen habt und wie viele Überschriften ihr gefunden habt.**

◎ **Wie sehr bestimmen Lügen, Betrug und Fragen der Moral unseren Alltag?**

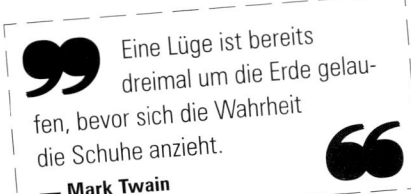
Eine Lüge ist bereits dreimal um die Erde gelaufen, bevor sich die Wahrheit die Schuhe anzieht.
— Mark Twain

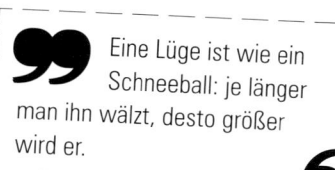
Eine Lüge ist wie ein Schneeball: je länger man ihn wälzt, desto größer wird er.
— Martin Luther

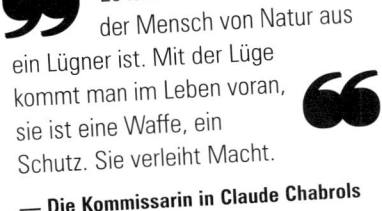
Es läuft darauf hinaus, dass der Mensch von Natur aus ein Lügner ist. Mit der Lüge kommt man im Leben voran, sie ist eine Waffe, ein Schutz. Sie verleiht Macht.
— Die Kommissarin in Claude Chabrols „Farbe der Lüge"

Die Lüge ist der eigentliche faule Fleck in der menschlichen Natur
— Immanuel Kant

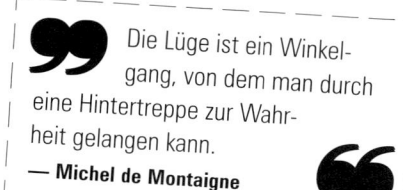
Die Lüge ist ein Winkelgang, von dem man durch eine Hintertreppe zur Wahrheit gelangen kann.
— Michel de Montaigne

© Verlag an der Ruhr ❧ Postfach 102251 ❧ 45422 Mülheim an der Ruhr ❧ www.verlagruhr.de

▧ Vom **Lügen**
■ **Betrügen**
■ und der **Moral**

Die Lebenslüge

Ist die Lebenslüge überhaupt eine Lüge? Zum Lügen gehört doch, es wissentlich und mit Absicht zu tun. Genau das ist bei einer Lebenslüge aber nicht der Fall. Sonst würde sie nicht funktionieren. Es klingt schizophren, aber der Lügner muss an die Wahrheit der Lüge glauben und ist somit selbst ihr wichtigstes Opfer. Und wenn er seiner Lebenslüge auf die Schliche kommt? Bereits 1884 hat Henrik Ibsen in seinem Theaterstück „Die Wildente" eine Antwort auf diese Frage gegeben: *„Nehmen Sie einem Durchschnittsmenschen die Lebenslüge, und Sie nehmen ihm zu gleicher Zeit das Glück."* Tatsächlich können Lebenslügen lebensnotwendig sein, der Wille zur Wahrheit indes tödlich. Nietzsche nannte dies die biologische Nützlichkeit des Irrtums. Denn öffnet man jemandem die Augen über seine tatsächliche Lage, muss das nicht unbedingt heilsam sein. Bei Ibsen endete es mit Selbstmord!

Aber warum belügen sich Menschen überhaupt? Sie haben oft einen sehr hohen Anspruch an sich selbst und wollen geradezu perfekt sein. Jedem wird suggeriert, dass er alles erreichen kann, wenn er nur will. Das klingt verlockend, setzt die Menschen aber zugleich unter Druck. Viele lernen früh, dass sie nur geliebt werden, wenn sie funktionieren. Deshalb ist die Angst vor dem Verfehlen eines Zieles riesig. Und die Scham ist viel zu groß als dass man sich und anderen gegenüber zugibt: „Gut, Plan A funktioniert nicht, jetzt muss ich Plan B versuchen."

Eskalation bei Tisch

Vorige Tage waren wir bei Anke und Max zum Abendessen eingeladen. Es gab mehrere Gänge und das Essen war wie immer ausgezeichnet. Kerzen standen auf dem Tisch und Max hatte sogar die Menüfolge auf schönes Papier drucken lassen. Nur die Gespräche bei Tisch langweilten mich ein wenig. Meist ging es um Äußerlichkeiten und Eitelkeiten. Anke berichtete z.B. davon, dass zwar im Bad über hundert Parfums stünden, sie jedoch meist nur ein einziges davon benutze. Das sei halt nun mal ihr Duft. Ich hielt mich zurück mit bissigen Kommentaren, zumal Susanne mich vor diesem Besuch mehrfach darum gebeten hatte. Auch darüber, dass sie ständig Händchen hielten und einander nur mit Kosenamen ansprachen, ließ ich mich nicht aus. Schließlich waren Anke und Max Susannes Freunde und wir hatten uns schon länger nicht mehr getroffen. Also beschränkte ich mich aufs Essen und lobte lediglich hin und wieder die Kochkunst unserer Gastgeber.

Nach dem Essen setzten wir uns in die gemütliche Sofagarnitur und zu vorgerückter Stunde wurden die Gespräche dann auch ein wenig interessanter. Irgendwann beteiligte ich mich auch und stellte Max eine meines Erachtens nach eher harmlose Frage nach seiner Zukunft. Seine Antwort gefiel Anke offensichtlich überhaupt nicht, denn urplötzlich entwickelte sich zwischen den beiden eine geradezu dramatische Beziehungsdiskussion. Innerhalb kürzester Zeit flossen Tränen und die Trennung wurde angedroht. Susanne und ich gingen dann recht schnell und unauffällig.

Literaturtipps
Daniel Goleman:
Lebenslügen. Die Psychologie der Selbsttäuschung.
Die Theaterstücke **„Gespenster"** und **„Die Wildente"** von *Henrik Ibsen* (1828–1906)

Filmtipps
„American Beauty",
Regie: Sam Mendes, USA 2000
„Magnolia",
Regie: Paul Thomas Anderson,
USA 2000

- 👁 Wie konnte es dazu kommen, dass das scheinbar recht harmonische Gastgeberpärchen so schnell in einen grundsätzlichen Streit gerät?
- 👁 Wonach hat der Erzähler wohl gefragt? Und was hat Max geantwortet?
- 👁 Schreibt das Streitgespräch, das die Gastgeber Anke und Max geführt haben, als Dialog auf.

© Verlag an der Ruhr ✎ Postfach 102251 ✎ 45422 Mülheim an der Ruhr ✎ www.verlagruhr.de

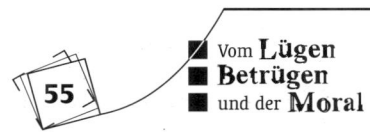

■ Vom **Lügen**
■ **Betrügen**
■ und der **Moral**

Auf dem Basar

(Spiel)

Rollenkarten:

(Verkäufer) **Seine Geschäfte laufen sehr gut.**	(Verkäufer) **Er steht kurz vor der Pleite.**
(Käufer) **Er ist arm und muss eine große Familie ernähren.**	(Käufer) **Seine Familie ist reich und er hat Geld im Überfluss.**

Persönlichkeitsmerkmale:

Er ist grundanständig und immer ehrlich.	Wenn es zu seinem Vorteil ist, lügt er ohne Skrupel.
Er ist der Meinung, die Menschen wollen betrogen werden.	Er geht davon aus, dass ihn alle belügen und betrügen.

👁 Wir sind auf einem Basar. Einer von euch ist der Verkäufer, einer der Käufer. Nun zieht ihr eine der Rollenkarten. Lest auch die kurzen Anmerkungen auf den Rollenkarten durch. Dann zieht ihr eine Karte mit Persönlichkeitsmerkmalen. Lest sie ebenfalls aufmerksam durch und überlegt euch, wie sich „eure" Person auf dem Basar verhalten wird. Nun kann es losgehen: Jeweils ein Verkäufer trifft auf einen Käufer. Wer erzielt die besten Preise?

👁 Die Rollenkarten und Persönlichkeitsmerkmale könnt ihr dann aufs Neue miteinander kombinieren.

© Verlag an der Ruhr ✦ Postfach 102251 ✦ 45422 Mülheim an der Ruhr ✦ www.verlagruhr.de

Lügst du auch noch so gut ...

Die Wahrheit steht oft im Gesicht geschrieben
– die Körpersprache der Lügner

Den perfekten Schwindler gibt es nicht. Emotionspsychologen und Kommunikationswissenschaftler haben zahlreiche Hinweise entdeckt, die einen Verdächtigen überführen können.

Vielen Menschen steht die Unwahrheit tatsächlich ins Gesicht geschrieben. Die Mimik verrät Gefühle – sowohl wahre als auch vorgetäuschte. Beim Lügen zeigen wir meist eine Kombination aus dem, was wir vorgeben wollen (z.B. Freude), und dem, was wir tatsächlich empfinden (z.B. Ablehnung). *„Zwei unterschiedliche Hirnregionen steuern die beabsichtigten und die unwillentlichen Gesichtsmuskeln"*, so Emotionsforscher Paul Ekman von der University of California in San Francisco. *„Oft scheitert der Versuch, eine Emotion zu maskieren, weil die Zeichen der wahren Gefühle automatisch und unkontrollierbar über das Gesicht huschen."*

Die häufigsten Täuschungshinweise im Gesicht:

- *Mikro-Ausdruck:* flüchtiges „Aufblitzen" eines Emotionsausdrucks von weniger als einer Viertelsekunde
- *Gekappte Ausdrücke:* Dem Lügner scheint für einen Sekundenbruchteil bewusst zu werden, dass ein wahrer Ausdruck über das Gesicht blitzt. Er unterbricht oder überdeckt ihn.
- *Asymmetrie:* Vor allem der Muskel, der primär am Lächeln beteiligt ist, bewegt sich auf einer Gesichtshälfte stärker, wenn das Lächeln nicht mit der Empfindung übereinstimmt.
- *Erröten oder Erbleichen:* Reaktion auf emotionalen Stress
- *Zu lange Ausdrücke:* Wirkliche Empfindungen bleiben selten länger als ein paar Sekunden sichtbar. Ausdrücke, die länger als fünf oder gar zehn Sekunden dauern, sind meistens falsch.
- *Zwinkern und Pupillenerweiterung:* unbewusstes und unkontrollierbares Zeichen von Erregung

Weitere Erregungszeichen:
Schnelle, flache Atmung, häufiges Schlucken, Schwitzen.
Die Nervosität durch die Angst vor Entdeckung kann sich zudem in *fahrigen Bewegungen* oder ablenkendem *Herumspielen mit Gegenständen* ausdrücken. 85 Prozent der *Lügner verändern ihre Stimme*, wenn sie die Unwahrheit sagen. Sie sprechen schneller oder langsamer, lauter, leiser, höher oder tiefer als normal. Einen Streich spielt das Unbewusste dem Lügner bei Versprechern – die so genannten *Freudschen Fehlleistungen* enthüllen oft, was krampfhaft unterdrückt werden soll, etwa wenn der verspätete Ehemann erklärt, er käme aus dem „Bistro" statt dem „Büro". [...]

Auch die Formulierung des Bluffs kann den Schwindler verraten: Lügner vermeiden oft konkrete Angaben zum Thema und benutzen lieber allgemeine Umschreibungen. [...]

Anlass zu Misstrauen geben *ausweichende Antworten, Wiederholung der Frage als Antwort und Phrasen wie „ehrlich gesagt" oder „ungelogen".*

Die beliebteste Strategie aber ist die Geschwätzigkeit: Um Nachfragen abzublocken, versuchen Lügner, den Belogenen mit detailreichen Geschichten einzulullen. Dies gilt allerdings nicht, wenn der Schwindler auf Misstrauen stößt. Der italienische Kommunikationsforscher Luigi Anolli von der Universität Mailand fand heraus, dass ein geäußerter oder gezeigter Argwohn Lügner in ihrem Redefluss eher bremst. Die Versuchspersonen redeten unpräziser, machten mehr Sprechpausen und wiederholten sich häufiger, wenn sie das Gefühl hatten, als Verdächtige verhört zu werden.

— Focus 50/1998, S.166

Vom **Lügen**
Betrügen
und der **Moral**

Lügendetektoren

Seit Jahrzehnten versuchen Forscher, mit so genannten Lügendetektoren unwahre Aussagen aufzudecken. Die Erfolgsquoten der bislang entwickelten Geräte liegen in der Regel unter 70 %. Aufsehen erregte Anfang des Jahres 2003 ein an der Manchester Metropolitan University entwickelter Mimikdetektor, mit dem kleinste verräterische Zuckungen des Gesichts gemessen werden können. Die Trefferquote bei Tests mit Probanden lag bei etwa 80 %.

Wie funktioniert ein Lügendetektor?

Lügendetektoren bestehen aus Sensoren, die Atemfrequenz, Herzschlag, Durchblutung der Arme und Beine, Muskelspannung, Veränderung des Pupillendurchmessers, die elektrische Leitfähigkeit der Haut und sogar Hirnströme erkennen. An diese Geräte sind Computer angeschlossen, mit denen die gewonnenen Daten ausgewertet werden können.

> Wenn jeder Lügner so leicht zu entlarven wäre wie Pinocchio …

Das „Wahrheitsmaul"

Der Brunnen „Bocca della verità" in Rom ist ein früher Lügendetektor: Wenn ein Lügner seine Hand in das Maul steckt, wird sie ihm abgebissen – so heißt es jedenfalls …

👁 **Gibt es eindeutige, auch mit bloßem Auge erkennbare Signale für Lügen? Woran merkst du, ob deine Geschwister/Freunde dich anlügen?**

Baut selbst einen Lügendetektor!

Wer lügt hat Stress. Bei Stress bildet sich Schweiß auf der Haut. Mit zwei elektrischen Kontakten, die an der Haut angebracht und unter schwache Spannung gelegt werden, kann der Lügendetektor messen, ob die Haut feucht wird, also ob die Testperson lügt.

> Einen Lügendetektor als Elektronik-Bausatz kann man z.B. zum Preis von knapp 3 Euro bestellen bei:
> LPE Technische Medien GmbH, Schwanheimer Str. 27, 69412 Eberbach, Tel. 06271–923410 Fax 06271–923420
> www.technik-lpe.de
> *(Es handelt sich um eine problemlos aufzubauende Schaltung. Mit dem Bausatz wird die Veränderung des Hautwiderstandes/Hautfeuchtigkeit gemessen und durch eine Leuchtdiode angezeigt.)*

> Eine ausführliche Beschreibung, wie man einen Lügendetektor aufbaut, inklusive Schaltplan findet ihr auch auf den Webseiten des Gymnasiums Überlingen: www.gymueb.de (entweder unter „Suche" *Lügendetektor* eingeben, oder unter *Schule – Fachbereiche – Physik – Praktikum 11-1* suchen und pdf runterladen).

Vom **Lügen Betrügen** und der **Moral**

© Verlag an der Ruhr ✆ Postfach 102251 ✆ 45422 Mülheim an der Ruhr ✆ www.verlagruhr.de

— Fortsetzung

Lügner haben heiße Augen

Lügen haben nicht nur kurze Beine. Wer absichtlich die Unwahrheit sagt, dem wird es auch besonders warm um die Augen. Diese Tatsache haben jetzt amerikanische Wissenschaftler von der Mayo-Klinik in Rochester/Minnesota für den Bau eines neuartigen **Lügendetektors** genutzt. Das Gerät **erkennt anhand charakteristischer Wärmemuster im menschlichen Gesicht, ob jemand lügt oder die Wahrheit spricht**. Nach Aussagen der Forscher hat das Verfahren eine ähnlich hohe Erfolgsquote wie die herkömmlichen Lügendetektoren.

Die polygraphischen Überwachungsverfahren messen den Blutdruck, die Atemfrequenz und die elektrische Leitfähigkeit der Haut eines Menschen. Die Verfahren sind jedoch aufwändig, erfordern geschultes Personal und können nur in Anwesenheit des Verdächtigen ausgeführt werden. Die Methode der Forschergruppe um James Levine entlarvt Lügner und andere Übeltäter, ohne dass diese etwas von der Überprüfung wissen. Das aus einem Computer und einer speziellen Wärmekamera bestehende Gerät kann nach einer kurzen Einweisung auch von ungeschultem Personal bedient werden.

Wenn jemand eine betrügerische Absicht hat, verändert sich deutlich das Wärmemuster im Gesicht, besonders um die Augen. **Bei einer Lüge erzeugt der menschliche Körper typische physiologische Reaktionen wie einen verstärkten Blutfluss in bestimmten Teilen des Gesichts.** Wird dieses mit der Wärmekamera der amerikanischen Forscher aufgenommen, erkennt der Computer sofort, ob die Person lügt.

Für den Test der neuen Technik hatten Levine und seine Kollegen Freiwillige aufgefordert, eine Gewalttat nachzustellen. Sie sollten eine Schaufensterpuppe angreifen und ihr 20 Dollar entreißen. Anschließend mussten die Probanden ihre Unschuld unter realistischen Bedingungen in einer Sicherheitsbehörde beteuern, während ihr Gesicht mit der Wärmekamera aufgenommen wurde, das noch Temperaturunterschiede von fünfundzwanzigtausendstel Grad erkennt. **Mit dem Verfahren konnten 75 Prozent der Testpersonen korrekt als Schwindler entlarvt werden**, berichten die Forscher um Levine [...]. Personen aus einer Kontrollgruppe, die nichts von dem Scheinverbrechen wussten, wurden hingegen zu 90 Prozent als aufrichtig eingestuft. Die Erfolgsquote entspricht damit etwa derjenigen von herkömmlichen Lügendetektoren.

Nach Ansicht der Forscher wäre **mit dem neuen Verfahren**, vor dem auch kein Schminke oder falsches Haar schützen kann, **prinzipiell eine automatische Überwachung einer größeren Zahl von Personen möglich**. Die Wärmeerkennung des Computers müsste dazu entsprechend verfeinert werden. Levine sieht eine mögliche Anwendung in Sicherheitszonen, etwa an Flughäfen oder Grenzübergängen. Im Flughafen etwa könnten Wärmekameras die Passagiere filmen, während diese wegen ihres Gepäcks befragt werden.
— **Manfred Lindinger, FAZ vom 8.1.2002**

Polygraphische Untersuchung kein Beweismittel vor Gericht

In einem Urteil des Bundesgerichtshofes (BGH) von Dezember 1998 heißt es über die Verwertung der Ergebnisse eines Polygraphen (Lügendetektors) vor Gericht:

1. In dem staatlich angeordneten Einsatz eines Polygraphen und in der Verwertung der erlangten Erkenntnisse liegt kein Verstoß gegen die Menschenwürde des Beschuldigten (Art. 1 Abs. 1 GG) und gegen dessen Freiheit der Willensentschließung und -betätigung (§ 136a StPO).

2. Die polygraphische Untersuchung ist jedoch nach aktuellem wissenschaftlichen Kenntnisstand ein völlig ungeeignetes Beweismittel i.S.d. § 244 Abs. 3 Satz 24. Alt. StPO. (BGH 1 StR 156/98)

Unter: **www.strafverteidiger-berlin.de/rechtsprechung/bgh-luege.htm** findet ihr mehr zu den Hintergründen des BGH-Urteils sowie eine ausführliche Erläuterung, wie ein Polygraph (Lügendetektor) eigentlich funktioniert und wie genau die Untersuchung der verdächtigten Personen durchgeführt wird!

👁 **Was meinst du: Sollten die Strafverfolgungsbehörden zur Aufklärung von Verbrechen Lügendetektoren einsetzen dürfen?**
Wenn ja**, in welchen **Fällen?
Wenn nein**, warum **nicht?

Vom **Lügen**
Betrügen
und der **Moral**

Der Lügenapparat

Auf dem Flohmarkt können auch Kinder alles Mögliche verkaufen, altes Spielzeug, Puppen, Teddybären, Bücher, Hefte und lauter solchen Kram, den sie nicht mehr brauchen. Viele sitzen stundenlang auf der Straße und bieten ihre Ware zum Kauf an. Manche haben Glück und werden einiges los, andere verkaufen kaum etwas und müssen das meiste wieder mit nach Hause nehmen. Lies und Len gehörten zu den Kindern, die gut verkauften. Sie hatten nämlich eine neue Erfindung anzubieten, die sonst niemand hatte. „Lügenapparate zu verkaufen", stand auf einem Schild, das sie neben ihrem Platz aufgestellt hatten. Und die Leute blieben stehen und schauten und ließen sich erklären, was es mit den Lügenapparaten auf sich hatte.

Aus alten leeren Streichholzschachteln hatten Lies und Len ihre Lügenapparate gebaut. Ihr wisst doch, wie Streichholzschachteln aussehen? Wenn man die Innenschachtel zurückschiebt, kommt sie aus der Hülle heraus, man kann etwas hineintun und die Schachtel wieder in die Hülle schieben. Die Schachtel kommt aber auch heraus, wenn man einen Faden mit einem Knopf an der Schachtel befestigt, ihn durch ein Loch durch die äußere Hülle steckt und dann an dem Faden zieht. Die Löcher müssen nur so gebohrt sein, dass es wirklich funktioniert. Lies und Len jedenfalls hatten den Bogen raus. Und sie legten in

die Innenschachtel Bilder, die sie selber malten. Das waren Gesichter, die lachten oder die Zunge rausstreckten und schön bunt waren. Und wenn jemand den Lügenapparat sehen wollte, dann zogen sie am Faden, und die Schachtel flutschte heraus und zeigte ein Gesicht, das lachte oder die Zunge rausstreckte.

„Und warum heißt das Ding Lügenapparat?", wollten die Leute wissen.

„Weil man damit Lügen entdecken kann", sagten Lies und Len.

„Wie geht denn das?", fragten die Leute. Und Lies und Len erklärten ihnen den Apparat.

„Wenn Sie zum Beispiel vor dem Fernseher sitzen", sagte Lies, „und da redet einer lauter kluge Sachen, dann wollen Sie doch bestimmt wissen, ob der die Wahrheit sagt oder lügt."

„Ja, das stimmt", sagten die Leute.

„Und jetzt nehmen Sie einfach den Lügenapparat und ziehen an der Strippe – flutsch!", sagte Len, „und wenn der Klugscheißer auf dem Bildschirm gelogen hat, dann läuft er plötzlich rot an."

„Was? Richtig rot?", fragten die Leute.

„Ja, oder blau", sagte Lies.

„Manchmal auch grün", sagte Len. „Oder gelb."

„Oder es gibt Mattscheibe", sagte Lies, „nur Rauschen und so."

„Das ist ja ein toller Apparat", sagten die Leute, „aber funktioniert der auch wirklich?"

„Ganz bestimmt", sagten Lies und Len.

„Aber da ist noch eine Sache", sagte Len. „Der Lügenapparat funktioniert nur bei Leuten, die selber immer die Wahrheit sagen."

Da guckten sich die Leute an und waren stumm. Und weil keiner zugeben wollte, dass er manchmal lügt, wollten alle den Apparat kaufen.

„Was kostet er denn?", fragten die Leute.

„Nur fünfzig Pfennig", sagten Lies und Len. Und sie riefen es etwas lauter, so wie eben Leute rufen, die auf der Straße etwas verkaufen: „Nur fünfzig Pfennig für den Lügenapparat! Nur fünfzig Pfennig für die Wahrheit! Leute, kauft den Lügenapparat, wenn ihr nicht mehr belogen werden wollt!"

Und die Leute kauften. Bald waren Lies und Len ihre ganzen Lügenapparate los und hatten einen schönen Haufen Geld eingenommen.

Was meint ihr wohl, ob sich Leute beschwert haben, weil der Lügenapparat zu Hause nicht funktionierte? Ich glaube nicht. Denn es konnte ja daran liegen, dass sie selbst nicht immer die Wahrheit sagen. Aber der eine oder andere hat sich vielleicht doch geärgert, dass er den Apparat nicht gleich auf dem Flohmarkt ausprobiert hat. Denn eigentlich hätten Lies und Len doch rot werden müssen. Oder?

— Heinrich Hannover, Der Lügenapparat, in: Marion Schweizer (Hrsg.), Lügen haben lange Beine, Elefanten Press, 1992, S. 31–33

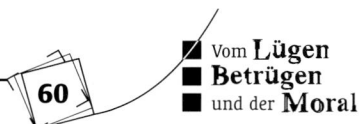

Vom **Lügen**
■ **Betrügen**
■ und der **Moral**

Gewinner ist ...

Kennt ihr das Spiel „Schnick-Schnack-Schnuck"? Dieses Spiel ist sehr ähnlich, aber noch einfacher. Man spielt es zu zweit.

Ziel ist es, einen möglichst hohen Durchschnittsgewinn zu erlangen.

Zuerst wird eine Spielzeit für die gesamte Klasse vereinbart. Jeder Spieler benötigt eine Spielmarke (das kann z.B. auch eine Münze oder eine Stifthülle sein), einen Stift und eine eigene Punkteliste (siehe S. 62). Jetzt sucht sich jeder seine erste Partnerin oder seinen ersten Partner und das Spiel kann beginnen. Ein Spielzug besteht darin, dass beide Beteiligte gleichzeitig eine Hand öffnen, die entweder die Spielmarke enthält (das markiert ihr durch ein +) oder leer ist (dann schreibt ihr ein − in die Liste). Ihr könnt z.B. von eins bis drei zählen und auf drei eure Hand öffnen. Behaltet eure Marke für den nächsten Spielzug. Bei jedem Spielzug kann man 10, 20, 30 oder 40 Punkte erreichen. Bei welcher Spielsituation es welche Punktzahl gibt, entnehmt ihr der folgenden Tabelle:

Ein Spielzug endet damit, dass die Beteiligten die erreichten Punkte in ihre Punktelisten eintragen und sich gegenseitig den Punktgewinn bestätigen und durch Unterschrift abzeichnen. Jeder neue Spielzug beginnt mit der Suche nach einem neuen Partner bzw. einer neuen Partnerin und verläuft wie oben beschrieben.

Spielt während der angesetzten Spielzeit möglichst oft und mit möglichst vielen!

Siegerin oder Sieger ist die Person, die mindestens zwanzigmal gespielt hat und den höchsten Durchschnittsgewinn erreicht hat. *(Der Durchschnittsgewinn errechnet sich aus der Gesamtpunktzahl geteilt durch die Zahl der Spielzüge.)*

	B spielt **+** (Marke)	**B** Spielt **−** (leere Hand)
A spielt **+** (Marke)	**A** 30 / **B** 30	**A** 10 / **B** 40
A spielt **−** (leere Hand)	**A** 40 / **B** 10	**B** 20 / **B** 20

Hier bedeutet z. B. „**A** 40 / **B** 10" im Feld links unten, dass Spieler **A**, der „leere Hand" (−) gespielt hat, sich 40 Punkte gutschreiben kann, Spieler **B**, der „Marke" (**+**) gespielt hat, jedoch nur 10.

👁 **Wer hat gewonnen? Und wie? Durch Abzocken oder Freundlichkeit?**

👁 **Gab es eine besondere Gewinnstrategie?**

👁 **Haben einige häufiger mit immer denselben gespielt? Hatte das einen Einfluss auf die Ergebnisse?**

👁 **Diskutiert, ob beim Spielen (egal, ob es sich um Brett-, Karten- oder Rollenspiele handelt) ein bisschen Schummeln erlaubt ist.**

👁 **Glaubst du, dass jemand, der beim Spielen täuscht oder schummelt, auch im wirklichen Leben weniger ehrlich ist?**

■ Vom **Lügen**
■ **Betrügen**
■ und der **Moral**

Gewinner ist …

Punkteliste von _____

	mein Spielzug + oder −	von mir erreichte Punkte	Name des/der Partner/in
1.			
2.			
3.			
4.			
5.			
6.			
7.			
8.			
9.			
10.			
11.			
12.			
13.			
14.			
15.			
16.			
17.			
18.			
19.			
20.			

Summe: _____

Summe : Anzahl der Spielzüge =
Durchschnittsgewinn: _____

© Verlag an der Ruhr ✆ Postfach 102251 ✆ 45422 Mülheim an der Ruhr ✆ www.verlagruhr.de

Vom **Lügen**
Betrügen
und der **Moral**

Lüge und Intelligenz

**Das Lügen
und das Dichten
sind Künste.**
— *Oskar Wilde,
britischer Schriftsteller*

10 Regeln zur Kunst des Lügens

👁 **Lies dir die 10 Regeln dieser Anleitung zum Lügen gründlich durch.**

👁 **Ergänze sie entweder um zwei weitere Regeln (z.B.: Wie ist mit dem schlechten Gewissen und mit moralischen Prinzipien umzugehen? Ist der „Kundenkreis" beschränkt oder unbegrenzt?) oder um einen Warnhinweis, in dem du beschreibst, welche Schwierigkeiten beim hemmungslosen Lügen auftauchen könnten (z.B. mögliche Folgeschäden bei regelmäßigem Lügen usw.).**

Eignung – Nicht jeder ist zur Lüge geboren. Wer große Angst hat, erwischt zu werden, sollte es bleiben lassen. Lügen klappt nur mit Leichtigkeit und Souveränität.

Unterschied – Lüge und Betrug, sind zwei grundverschiedene Dinge. So ist eine Ausrede fürs Zuspätkommen in Ordnung. Jedoch unter falschen Versprechungen Geld pumpen und es absichtlich nicht zurückzahlen ist Gaunerei im höchsten Grade.

Einstellung – Die Lüge ist eine „Dienstleistung", die der andere einem „abkaufen" soll. Auch hier gilt: Der Kunde ist König – und man sollte sein Gegenüber achten und mit Niveau behandeln. Wer sich ähnlich wie bei einer asiatischen Kampfsportart verhält und sich zumindest mental vor seinem Gegner verneigt, hat von Anfang an die besseren Voraussetzungen.

Qualifikation – Eine gute Lüge erfordert Fantasie, analytisches Denken, Kombinationsgabe, strategische Planung und ein gutes Gedächtnis. Während des eigentlichen Lügenaktes muss man sich auf sein Gedächtnis verlassen können – man sollte sich sehr genau merken, was man gesagt hat, um sich nicht zu verhaspeln. Schauspielerisches Talent, atmosphärisches Feingefühl und Flexibilität sind nötig, weil es trotz perfekter Planung zu Unwägbarkeiten kommen kann. Entscheidungs- und Risikofreude sind mitzubringende und unabdingbare Eigenschaften.

Planung – Das Lügengebäude muss ein einfaches Grundmuster haben, darf nicht zu kompliziert sein. Die Strategie: „Wenn ich nicht mehr durchblicke, schnallt es der Betroffene erst recht nicht", geht schief. Leicht nachprüfbare Tatsachen müssen auch bei der Lüge kontrollierbare Tatsachen bleiben.

Positiver Ansatz – Die Unwahrheit muss auf ein glaubwürdiges Fundament gesetzt werden – wenn der Chef vom Zuspätkommenden hört, dass dieser unterwegs einen möglichen Kunden getroffen hat, ist er zufrieden.

Checkliste – Steht das Gerüst der Lüge, sollte alles noch einmal geprüft werden: Stimmen Ort und Zeit, sind mögliche Zeugen berücksichtigt? Kann irgendetwas das erfundene Gebäude zum Einsturz bringen? Die Risiken sollten realistisch eingeschätzt werden. Eine hundertprozentige Sicherheit gibt es nicht im Lügengeschäft.

Durchführung – Jetzt ist schauspielerisches Talent gefordert – nämlich glaubhafte Darbietung ohne Übertreibung. Ständige Erfolgskontrolle: Der Belogene muss beobachtet werden, um zu sehen, ob die Lüge wirkt. Lügengeschichten dürfen auf keinen Fall auswendig gelernt und mechanisch aufgesagt werden, das wirkt unglaubwürdig.

Nachbereitung – Auf keinen Fall mit seinen Lügen gegenüber Dritten prahlen! Wer weiß schon, wen er im Leben noch alles belügen muss! Der Routinier genießt und schweigt.

Wenn es schief geht – Wer dennoch ertappt wird, sollte sich nicht durch Unwissenheit rechtfertigen. Sokrates stellte bereits fest, dass eine ungewollt gesagte Lüge weitaus schlimmer sei als eine mit Willen gesagte, weil er das Wissen über alles achtete. Unwissenheit aber auf das Schärfste verurteilte. Wenn es schief ging, dann bleibt nur noch – charmant und aufrichtig beichten.

— **Birgit Weidt in der NZZ vom 31.3. 2001**

© Verlag an der Ruhr ✎ Postfach 102251 ✎ 45422 Mülheim an der Ruhr ✎ www.verlagruhr.de

„Lügen macht klug"

Verhaltensforscher Volker Sommer erklärt, warum Täuschungen Motor der Evolution sind:

FOCUS: „Du sollst nicht lügen", gebietet uns schon die Bibel. Warum schaffen wir es nicht, dieses Gebot einzuhalten?

Sommer: Weil es wider die Natur ist. Die Idee vom Paradies, wo Böcklein und Bären, Wölfe und Lämmer friedlich nebeneinander liegen, klingt zwar hübsch, war aber niemals Realität und wird es auch nie sein. Um zu überleben, müssen alle Geschöpfe einander oft täuschen und betrügen.

FOCUS: Das Lämmchen muss selbstverständlich auf der Hut sein vor dem Wolf im Schafspelz. Aber darf es auch die Mitglieder der eigenen Herde hinters Licht führen?

Sommer: Es muss sogar. Evolutionsbiologen haben sich längst verabschiedet von der Vorstellung, dass es im Überlebenskampf um die Erhaltung der Art geht. Lebewesen sind auf die Ausbreitung ihres eigenen Erbguts programmiert – auch und gerade auf Kosten ihrer Artgenossen.

FOCUS: Die Lüge als Motor der Evolution?

Sommer: Ja, denn die natürliche Auslese favorisiert nicht die Ehrlichen, sondern die Schwindler. Lug und Trug waren und sind ein wichtiges Auslesekriterium. Wer Betrüger rasch entlarven kann und andererseits selbst bei einer Täuschung nicht entdeckt wird, ist im Vorteil.

FOCUS: Gilt das auch für die Spezies Mensch?

Sommer: Vermutlich hat sich das menschliche Gehirn mit seiner Fähigkeit zu schlechtem Gewissen, moralischen Empfindungen und Misstrauen überhaupt nur durch ständige Auseinandersetzung mit Täuschungsmanövern so weit entwickelt. Menschen mussten sich mit immer raffinierteren Schummeleien auseinander setzen und die eigenen Betrugsmanöver vor den immer perfekter werdenden Lügendetektoren in den Hirnen ihrer Artgenossen verheimlichen.

FOCUS: Lügen macht also klug?

Sommer: So gesehen, ja. Die Natur fordert von uns, die Kunst des Lügens immer weiter zu perfektionieren. Nicht nur, um gegenüber anderen im Vorteil zu sein, sondern auch für das eigene Wohlbefinden. Wer bei Mogeleien weniger Stress erlebt, hat nicht nur mehr Erfolg, sondern lebt auch gesünder.

FOCUS: Ein Freibrief für alle Lügner?

Sommer: Keineswegs. Von Natur aus sind wir zwar Egoisten, doch das macht Eigennutz nicht automatisch zu einem hohen ethischen Wert. Zudem neigen auch die raffiniertesten Egoisten zur Kooperation, wenn sie dadurch mehr erreichen können als durch bloße Einzelkämpferei. Und schließlich muss sich die Lügerei in Grenzen halten. Niemand nimmt beispielsweise mehr Geld an, wenn überwiegend Blüten im Umlauf sind.

— Der Anthropologieprofessor Volker Sommer forscht am University College/London. Focus 50/1998, S. 163

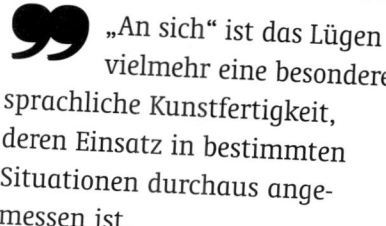

> „An sich" ist das Lügen vielmehr eine besondere sprachliche Kunstfertigkeit, deren Einsatz in bestimmten Situationen durchaus angemessen ist.
>
> — **Simone Dietz, Die Kunst des Lügens. Eine sprachliche Fähigkeit und ihr moralischer Wert, Rowohlt Taschenbuch Verlag, 2003**

👁 **Welche evolutionären Vorteile schreibt Sommer den Lebewesen zu, die lügen können?**

👁 **Welche Probleme sieht er im Überhandnehmen der Lüge?**

👁 **Was empfindest du, wenn du herausbekommst, dass jemand dich erfolgreich belogen hat?**

👁 **Ist etwas dran an dem Sprichwort *„der Ehrliche ist immer der Dumme"*?**

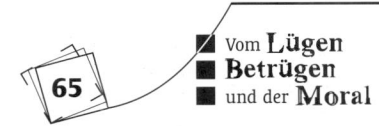

■ Vom **Lügen**
■ **Betrügen**
■ und der **Moral**

Können Tiere lügen?

– Betrug, Tarnung, Täuschung

Tarnungskünstler

Viele Tiere können prima täuschen: Die Sattelschrecke z. B. sieht aus wie ein Blatt; auf diese Weise ist sie für ihre Fressfeinde fast unsichtbar. Der Lidblasenfrosch hat auf seinem Hinterteil ein Muster, das gefährlich dem Gesicht einer Schlange ähnelt.

Durch „Warn-Mimikry" versucht ein harmloses Tier wie ein giftiges oder wehrhaftes auszusehen, damit es vor Fraßfeinden geschützt ist. Es gibt auch Tarnungskünstler, die wie tote Blätter, Vogelkleckse oder trockene Ästchen aussehen. Eine Gruppe „gefährlicher" Tiere imitiert sogar das Aussehen der eigenen Beutetiere, um sich unentdeckt zwischen dem Futter bewegen zu können.

— **Unterricht Biologie 208/19. Jg./ Oktober 1995, Velber, S. 38**

Betrügt der Kuckuck?

Wenn es ums Brüten geht, verhält sich der Kuckuck – aus menschlicher Sicht – wenig nett. So ist er zu einem sehr schlechten Ruf gekommen. Er gilt als faul, egoistisch und grausam. Tatsächlich verteilt das Kuckucksweibchen seine acht bis fünfzehn Eier auf ebenso viele fremde Nester von Singvögeln. Dabei frisst es sogar mindestens ein Ei aus dem jeweiligen Nest, ehe es sein eigenes Ei legt. Ist der junge Kuckuck dann geschlüpft, wirft er sämtliche Eier der eigentlichen Bewohner aus dem Nest. Die Singvogeleltern lassen sich allerdings auch leicht in die Irre führen. Ihr Brutpflegeinstinkt veranlasst sie, das fremde Ei auszubrüten und das Jungtier aufzuziehen. Hass auf den Kuckuck ist dennoch fehl am Platz, da es im Tierreich so etwas wie Gut und Böse nicht gibt.

— **In: Treff-Schülerwissen 2000, OZ-Verlag**

> **Mimikry, die,** Schutzanpassung durch Nachahmung der Warntracht einer giftigen Tierart in Körperform und Farbe durch ein wehrloses Tier anderer Artzugehörigkeit; dieses genießt dadurch denselben Schutz vor Feinden wie sein Vorbild.

👁 **Mimikry zur Warnung und zum Schutz ist ein Phänomen des Tierreiches. Lassen sich möglicherweise Parallelen zu unseren Kleidungsvorschriften und -codes ziehen?**

👁 **Hast du dir auch schon mal „zum Schutz", um in bestimmter Umgebung nicht aufzufallen, besondere Sachen angezogen?**

👁 **Glaubst du, dass manche Leute mit ihrer Kleidung ihre „Feinde warnen" wollen?**

> **Das Chamäleon wechselt seine Färbung abhängig von Lichtverhältnissen und Temperatur, aber auch ausgelöst durch Angst, Ärger, Wohlbefinden und Hunger.**

Vom **Lügen** ■ **Betrügen** ■ und der **Moral**

© Verlag an der Ruhr ✏ Postfach 102251 ✏ 45422 Mülheim an der Ruhr ✏ www.verlagruhr.de

Können Tiere lügen?

— Pokerface, Falscher Alarm, Bluff

4. Lüge und Intelligenz

Pokerface

Durch neutrales Verhalten („Pokerface") erweckt ein Schimpanse einen falschen Eindruck: Wahrscheinlich versteht er, dass sich im eigenen Verhalten die eigene Absicht auch für den anderen erschließt. Schimpansen sind sich offenbar ihrer Absichten bewusst, denn erst dann kann man sich auch davon distanzieren und sie gegenüber äußeren Betrachtern unterdrücken.

Beispiel: Ein Schimpansenmann kontert eine Täuschung, indem er den Täuschenden täuscht: Figan isst Bananen, deren Versteck sonst niemand kennt. Als der ranghöhere Goliath auftaucht, wendet sich Figan vom Leckerbissen ab, schaut „Löcher in die Luft" und pflegt demonstrativ sein Fell. Der Ranghöhere geht weiter und versteckt sich außer Reichweite aber hinter einem Baum, um Figan zu beobachten. Als dieser sich wieder den Bananen zuwendet, ist Goliath prompt zur Stelle und isst die Bananen selbst.

— **Unterricht Biologie 208/19. Jg./Oktober 1995, Velber, S. 38**

- 👁 **Welche Ziele verfolgen die Schimpansen Figan und Goliath jeweils?**
- 👁 **Mit welchen Mitteln versuchen sie ihr Ziel zu erreichen?**
- 👁 **Welche Rolle spielt die soziale Stellung der beiden?**

Falscher Alarm

Kitui, ein Meerkatzen-Halbstarker, gibt beim Anblick eines ranghöheren Rivalen falschen Alarm: Mit einem Leoparden-Alarmruf verscheucht er den Rivalen auf den nächsten Baum. Kitui selbst aber verlässt seinen Baum, geht in voller Sicht des imaginären Leoparden über den Boden zum nächsten Baum, und stößt dabei ständig den Alarmruf aus. Offenbar hatte Kitui nur die Hälfte seines Täuschungsmanövers begriffen: Er handelte, als wüsste er, dass seine Alarmrufe andere glauben machen, ein Leopard sei in der Nähe; aber er schien nicht zu realisieren, dass er sich selbst so verhalten sollte, eben dieses auch zu glauben.

— **Cheney/Seyferth nach DIFF, Funkkolleg Der Mensch – Anthropologie heute, Studienbrief 2, Tübingen 1992, S. 32**

- 👁 **Was gelingt dem Meerkatzen-Männchen Kitui bei seinem Täuschungsmanöver?**
- 👁 **Welchen Fehler macht er?**
- 👁 **Woran kann das liegen?**

Bluff

Der Schimpanse Austin lebt zusammen mit seinem Artgenossen Sherman im Sprachforschungszentrum von Atlanta. Sherman ist der Stärkere von beiden und lässt häufig seine Launen an dem Kleineren aus. Nur in der Nacht kehren sich die Dominanzbeziehungen um: Sherman fürchtet sich vor dem Dunkeln und das nutzt Austin aus: Jedes Mal, wenn Sherman nachts versucht, Austin zu drangsalieren, rennt der hinaus in die Finsternis. Von dort ertönen dann furchterregende Geräusche: Dröhnen, Scheppern und merkwürdige Kratzgeräusche. Danach rast Austin ins Haus zurück, als sei er selbst vom Schrecken gepackt, und schaut mit gesträubtem Fell nach draußen, wo zweifellos etwas Fürchterliches im Gange ist. In solchen Fällen sucht Sherman stets Schutz bei seinem Kumpanen und denkt nicht mehr daran, ihn zu tyrannisieren. Austins Verhalten demonstriert Einfühlungsvermögen in die Wahrnehmungs- und Gefühlswelt seines Artgenossen.

— **Unterricht Biologie 208/19. Jg./Oktober 1995, Velber, S. 60**

- 👁 **Wie gut kann sich der Schimpanse Austin in die Wahrnehmungs- und Gefühlswelt von seinem Kumpan Sherman einfühlen?**
- 👁 **Kommt Shermans Reaktion unerwartet für Austin?**

© Verlag an der Ruhr ❧ Postfach 102251 ❧ 45422 Mülheim an der Ruhr ❧ www.verlagruhr.de

Vom **Lügen**
Betrügen
und der **Moral**

Können Tiere lügen?

– Fortpflanzung und Futterneid

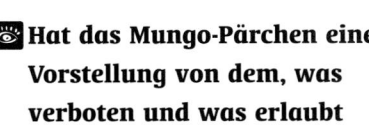

👁 **Hat das Mungo-Pärchen eine Vorstellung von dem, was verboten und was erlaubt ist?**

👁 **Wie geht es damit um?**

Strenge Hierarchie

Bei Mungos herrscht strenge Hierarchie: Nur das ranghöchste Männchen darf als Gemahl des ranghöchsten Weibchens, der „Königin", gemeinsam mit ihr für Nachwuchs sorgen. George war so ein Alpha-Männchen, das ständig allzu intime Kontakte zwischen Mitgliedern seiner Gruppe zu verhindern suchte.

Ein junges Mungo-Pärchen suchte hinter einem Hügel Schutz vor Georges wachsamen Blicken. Mit zärtlichem Putzen fing es an, mit der Präsentation der Analdrüse seitens des Weibchens und ausgiebigem Lecken ging es weiter. Schließlich nahmen beide die Paarungsstellung ein und das Männchen schickte sich an die Geliebte zu besteigen – als George auftauchte. Sein drohender Blick verhieß nichts Gutes. Die Reaktion der Ertappten erfolgte blitzartig: Im Nu hatte das Männchen vom Liebesspiel umgeschaltet auf ein Rauf- und Balgspiel und verbiss sich spielerisch in den Nacken der Möchtegerngeliebten. Das Weibchen ging sofort darauf ein und stürzte sich in eine ausgelassene Balgerei. Der typische Spielruf – eine Serie von Piepslauten – ertönte und überzeugte George, dass die beiden nur Harmloses im Sinn hatten, und er zog weiter.

— **Unterricht Biologie 208/19. Jg./Oktober 1995, Velber, S. 60**

👁 **Mach eine Liste der unterschiedlichen Gründe, warum Tiere ihre Artgenossen täuschen.**

👁 **Welche Unterschiede im Täuschungsverhalten betonen die Verhaltensforscher?**

👁 **Und wie sieht es bei uns Menschen aus? Was wollen wir deiner Auffassung nach mit unseren Täuschungsmanövern erreichen?**

Sex, Futter, Hierarchie: warum Tiere lügen

Der Hahn täuscht die Henne, indem er sie mit einem Futterruf anlockt, ohne Körner entdeckt zu haben. Die Gelegenheit nutzt er zur Kopulation. Kohlmeisen verscheuchen ihre Artgenossen mit einem Warnruf. Das Futter bleibt ihnen allein. Tiere sind geborene Lügner. Das belegten erstmals die Verhaltensforscher Richard Byrne und Andrew Whiten von der Universität St. Andrews in Schottland. Die beiden baten ihre Kollegen in aller Welt, ihnen sämtliche Betrügereien unserer Vettern auszuplaudern. Die Feldforscher wussten viele Geschichten zu erzählen: von Gorillas, die scheinbar gelangweilt Löcher in die Luft starren, um das entdeckte Futter vor der Gruppe zu verheimlichen. Von Weibchen, die wild stöhnen, wenn sie es mit dem Anführer eines Schimpansenclans treiben, aber mit einem rangniederen Sexpartner eher still sind. Von älteren Pavianen, die unter den Anführern ihrer Gang Streit anzetteln, um sich ungestört den Damen widmen zu können. Von Schimpansen, die vor ihrem Gegner humpeln wie ein gefoulter Fußballer und sich behende aus dem Staub machen, wenn der ihnen den Rücken zuwendet.

Den Tieren geht es um handfeste Vorteile: Sie versuchen, sich beim Kampf um Nahrung, Reviere, Rangordnung oder Fortpflanzung durchzusetzen.

Die meisten Münchhausener fanden Byrne und Whiten unter den Primaten. Aufgrund ihrer engen Verwandtschaft zum Menschen trauen die Wissenschaftler ihnen die ausgebufftesten Täuschungsmanöver zu. Bei den anderen Tieren, z. B. Vögeln, sprechen sie von funktionaler Täuschung. Sie meinen damit Verhaltensweisen, die mehr dem Zufall als einer Überlegung entspringen. Zu einer echten Lüge ist nur fähig, wer weiß, was der andere weiß, also Selbstbewusstsein besitzt.

— **Werner Siefer: Sex, Futter, Hierarchie: warum Tiere lügen, Focus 50/1998, S. 16**

Können Tiere lügen?

– Erlogene Tiere

Systematik der Steinlaus:

Domäne: **Eukaryonten** (Eukarya)
Reich: **Tiere** (Animalia)
Unterreich: **Vielzeller** (Metazoa)
Stamm: **Fabelwesen** (Imaginata)
Unterstamm: **Scherztiere** (Humoranimalia)
Klasse: **Hochklassige Scherztiere** (Humoranimalia perfecta)
Ordnung: **Fabelnager** (Rodentia inexistia)
Überfamilie: **Steinbeißende** (Lapivoridae)
Familie: **Steinbeißerchen** (Lapivora)
Gattung: **Steinlaus** (Petrophaga)
Art: **echte Steinlaus** (Petrophaga lorioti)

— aus: Wikipedia, freie Enzyklopädie, http://de.wikipedia.org

Der Archaeoraptor

Es sieht nicht nur so aus, als könnten manche Tiere lügen – andere Tiere sind erlogen: Paläontologen behaupteten, sie hätten das lange gesuchte Bindeglied zwischen Dinosauriern und Vögeln der Jetztzeit gefunden. Tatsächlich war das Fossil, das sie als Beweis vorlegten, eine liebevolle Bastelarbeit aus einem versteinerten Vogelskelett als Oberkörper und Saurierteilen, die den Rest abgaben. Erst computergestützte Untersuchungen brachten die Fälschung ans Licht.

Wie der Nasenaffe zu seiner langen Nase kam

Eines Tages lief der Kurznasenaffe durch den Dschungel auf der Suche nach einem, dem er seine Lügen erzählen konnte. Er traf auf das Krokodil. *„Hallo Krokodil! Ich habe heute mit einem riesengroßen Bären gekämpft. Natürlich habe ich gewonnen"*, sagte er.
Das Krokodil verdrehte die Augen und tauchte im Fluss unter. Der Kurznasenaffe erzählte jedem, den er traf, seine Lügen. Da dachte der Affengott: *„So kann das nicht weiter gehen."* Und er verzauberte den Kurznasenaffen so, dass ihm jedes Mal, wenn er eine Lüge erzählte, seine Nase immer länger wuchs. So wurde aus dem Kurznasenaffen der Nasenaffe.

— Hanna, 10 Jahre

Projektvorschlag:

◎ Nimm dir ein Tierlexikon oder dein Biologiebuch und suche darin nach ausgefallenen Tiernamen. Wähle einen Namen aus. Schau dir den zugehörigen Text und das Bild nicht an.

◎ Schreibe nun einen eigenen kurzen Lexikonartikel zu dem Tier, so wie du es dir aufgrund seines Namens vorstellst. Achte dabei darauf, dass du in wissenschaftlichem Stil schreibst (Tipp: suche dir aus dem Tierlexikon einen Beispieltext als Vorlage).
Du kannst aber auch eine kurze Geschichte schreiben, in der das Tier vorkommt. Zeichne eine grobe Skizze von deinem Tier, die zu deiner Beschreibung passt.

◎ Aus euren Tier-Artikeln könnt ihr eine große Collage basteln.

Tipp: Vielleicht könnt ihr auch einen gemeinsamen Ausflug in den Zoo organisieren. Achtet dort auf die Tafeln mit Beschreibungen zu den einzelnen Tieren – am besten fotografiert ihr ein paar dieser Tafeln oder schreibt von einigen den Text ab. Anschließend könnt ihr wie oben beschrieben eigene Zootiere erfinden und dazu passende Tafeln herstellen. Wenn ihr freundlich anfragt, dürft ihr möglicherweise eine kleine Ausstellung mit euren Tieren im Zoo gestalten.

4. # Scherzlügen in der Wissenschaft

Projektvorschlag:

Teilt euch in mehrere Gruppen auf. Jede Gruppe sammelt im Internet Informationen zu einem der folgenden Themen:

◎ **Leben und Wirken von Friedrich Gottlob Nadelmann;**

◎ **Wer ist Jakob M. Mierscheid?**

◎ **Ursprung und Vorkommen der Steinlaus;**

◎ **Bau und Leben der Rhinogradentia (bzw. Naslinge/Nasenschreitlinge);**

◎ **Wie sieht ein Wolpertinger aus?**

◎ **Die vom Aussterben bedrohte Leuchtschnabelbeutelschabe;**

◎ **Besondere Vorzüge der eierlegenden Wollmilchsau;**

Jede Gruppe schreibt ein Kurzreferat über ihr Thema. Anschließend dürft ihr eure Referate den übrigen Gruppen vortragen – aber bitte mit Konzentration und dem nötigen wissenschaftlichen Ernst. Die Referate eignen sich bestimmt als Beitrag für eine Schülerzeitung.

Hier einige hilfreiche Internetseiten:

◎ **http://de.wikipedia.org** (Suchbegriff eingeben! Auf den jeweiligen Seiten finden sich weitere Links.)

◎ **www.naturhistorisches-museum.de/ nasenschreitling.html**

◎ **www.tss-bo.de/Faecher/ Biologie/Nasobem.html**

Wissenschaftlicher Witz

Der **wissenschaftliche Witz** benutzt in der Regel Fachwissen, um unmögliche Dinge oder Situationen mit Hilfe wissenschaftlicher Fachausdrücke soweit zu verstecken, dass sie nicht auf den ersten Blick erkennbar sind. Dabei werden gerne Aspekte der Ironie und Satire aufgenommen. Das vielleicht bekannteste und ausgefeilteste Objekt dieser Art sind die **Rhinogradentia**, ein *running gag* der Zoologie, der auch in anderen Wissenschaften (z.B. in der Medizin) zur Erheiterung von wissenschaftliche Kongressen Verwendung findet. Diese imaginäre Tiergruppe geht auf das Buch *Bau und Leben der Rhinogradentia* zurück, das von einem namhaften Zoologen unter Wahrung aller formalen Aspekte einer wissenschaftlichen Publikation geschrieben und im G. Fischer Verlag veröffentlicht wurde, der für zahlreiche Standard-Lehrbücher der Biologie bekannt ist. Die Rhinogradentia sind nach mehreren Übersetzungen auch weltweit bekannt und beliebt. Fragen aus diesem Bereich der Zoologie werden international in Klausuren verwendet, aber auch, um ernsthaft biologische Zusammenhänge mit humorvollem Einschlag in der Lehre darzustellen.

Im juristischen Bereich spielt **Friedrich Gottlob Nagelmann** eine ähnliche Rolle. Er ist inzwischen an der Universität Potsdam beheimatet und hat dort eine eigene Institutshomepage.

Die Politik besitzt dafür **Jakob M. Mierscheid**, der im Bundestagshandbuch erwähnt ist und über den offiziellen Server des Deutschen Bundestages erreichbar ist.

— aus: Wikipedia, freie Enzyklopädie, http://de.wikipedia.org

Das Nasobem

Angeregt durch das Gedicht **Das Nasobem** von Christian Morgenstern, dessen Anfangszeilen lauten „Auf seinen Nasen schreitet einher das Nasobem ...", verfasste der Biologie-Professor Dr. Gerolf Steiner unter dem Pseudonym Harald Stümpke das wissenschaftliche Werk „Bau und Leben der Rhinogradentia".

Rhinogradentia heißt übersetzt so viel wie „Nasenschreitlinge" und tatsächlich handelt es sich um eine Säugetierart, die sich mit ihren Nasen fortbewegt. In einer Buchkritik heißt es: „Trotz der sich selbst nicht ganz ernst nehmenden Grundidee, kuriose Fabelwesen in einer wissenschaftlichen Monographie abzuhandeln, wird das Buch in seiner Form dem strengen, trockenen Stil eines primärwissenschaftlichen Werkes durchaus gerecht – und gerade dies macht den Reiz dieser amüsanten Lektüre aus. Faszinierend ist, dass bei aller überspitzter, karikierender Darstellung dieser Tiergruppe keinerlei logische Fehler vorkommen: Der Leser, auch der fachlich erfahrene, wird dem Autor zugestehen müssen, dass die Existenz dieser Lebewesen tatsächlich möglich – wenn auch nicht gerade wahrscheinlich – wäre. [...]

© Verlag an der Ruhr ✎ Postfach 102251 ✎ 45422 Mülheim an der Ruhr ✎ www.verlagruhr.de

Vom **Lügen** **Betrügen** und der **Moral**

Fallstricke der Logik

4. Lüge und Intelligenz

– Wahrnehmung und Täuschung

„Woran arbeiten Sie?", wurde Herr K. gefragt. Herr K. antwortete: *„Ich habe viel Mühe, ich bereite meinen nächsten Irrtum vor."*

— **Bertolt Brecht, Geschichten vom Herrn Keuner, in: Gesammelte Werke, Frankfurt a. M. 1967, Suhrkamp Verlag, Bd.12, S. 377**

Paradox: Ein Paradoxon (von griechisch para = gegen und doxa = Meinung), auch Paradoxie genannt, ist ein Widerspruch. Allgemein versteht man darunter eine selbstwidersprüchliche Aussage. Ein Beispiel ist der Satz des Eubulides: *„Dieser Satz ist falsch."*

In welcher Kiste ist das Gold?

Du hast zwei Schatzkisten. Du darfst bloß eine von beiden öffnen. Auf Kiste A steht: Die Aufschrift auf Kiste B ist wahr und das Gold befindet sich in Kiste A. Auf Kiste B steht: Die Aufschrift auf Kiste A ist falsch und das Gold befindet sich in Kiste A. Welche Kiste öffnest du, wenn du das Gold haben möchtest?

Das Paradoxon des Epimenides: **Der Kreter Epimenides sagt, dass alle Kreter lügen.**

Dieser Satz ist falsch.

Du kannst dich nicht auf deine Augen verlassen, wenn deine Vorstellungen unscharf sind. — **Mark Twain**

Dieser Satz besteht aus sieben Wörtern. Dieser Satz besteht nicht aus sieben Wörtern.

Die Lügenmeister

Einer der vier Herren hat im letzten Lügenwettbewerb verloren. Welcher war's? Achtung: Nur eine der folgenden Aussagen ist wahr!
Prof. Schummel: *Dr. Mogel war's.*
Dr. Pfusch: *Ich war es nicht.*
Dr. Mogel: *Assistent Bluff war's.*
Assistent Bluff: *Dr. Mogel log, als er sagte, ich sei's gewesen.*

Tatsachenentscheidung: Tatsache oder Entscheidung?

Drei Fußball-Schiedsrichter unterhalten sich über ihre Art, Entscheidungen zu begründen. Der erste sagt: „Wenn der Ball aus ist, dann gebe ich ihn aus."; der zweite: „Wenn ich den Ball aus sehe, gebe ich ihn aus."; und der dritte: „Wenn ich den Ball aus gebe, dann war er aus."

👁 **Wie sehen die Fußball-Schiedsrichter den Zusammenhang zwischen der Wirklichkeit des Spiels und ihren eigenen Entscheidungen?**

👁 **Finde die Lösung zu den Rätseln. Schreibe den Lösungsweg in Stichworten auf, z.B.:** *Angenommen X wäre die Lösung, dann …* – **spiele alle Möglichkeiten durch, bis du die richtige gefunden hast.**

Einer lügt, der andere nicht

Du kommst an eine Weggabelung. Einer der beiden Wege ist falsch und einer richtig, du weißt aber nicht welcher. Neben dem Weg sitzen zwei, von denen einer immer lügt, und einer immer die Wahrheit sagt. Du weißt aber nicht, welcher von beiden der Lügner ist. Du willst nach dem richtigen Weg fragen. Wie lautet die Frage mit der du auf jeden Fall erfährst, welches der richtige Weg ist?

Lösungen
- *„In welcher Kiste ist das Gold?":* Das Gold ist in Kiste B.
- *„Die Lügenmeister":* Dr. Pfusch war's. (Assistent Bluff ist der einzige, der nicht lügt)
- *„Einer lügt, der andere nicht":* Die Frage lautet: „Würde der neben dir Sitzende sagen, dass dies der richtige Weg ist?"

Vom **Lügen**
Betrügen
und der **Moral**

Optische Täuschungen
– Wahrnehmung und Täuschung

Der Scheinriese

In Michael Endes Geschichte „Jim Knopf und Lukas, der Lokomotivführer" trifft Jim auf einen Scheinriesen, der ein recht freundlicher Mensch, aber furchtbar traurig ist: bei ihm stimmt die perspektivische Wahrnehmung nicht – und zwar leider nicht seine eigene, sondern die der anderen, die ihm begegnen: „Normale" Menschen erscheinen immer kleiner, je weiter sie sich von anderen entfernen; der Scheinriese wirkt größer, je weiter weg er von anderen ist. Kein Wunder, dass alle, die ihn aus der Ferne sehen, schnell vor ihm weglaufen und keiner etwas mit ihm zu tun haben will. Dabei ist er ganz normal groß, wenn man ihn nur nahe genug an sich herankommen lässt – wie Jim Knopf es vormacht.

Was siehst du auf diesem Bild?
Was irritiert an diesem Bild?

Ist das eine alte oder junge Frau?

Wie viele schwarze Punkte findest du?

Auf den Internetseiten von **www.zauberbuch.de/ trick6.htm** findest du viele weitere optische Täuschungen und Illusionen!

 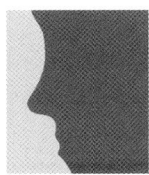

Erkennst du jetzt die Profile der Gesichter?

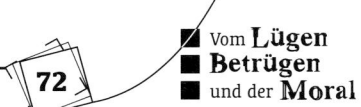

© Verlag an der Ruhr ✆ Postfach 102251 ✆ 45422 Mülheim an der Ruhr ✆ www.verlagruhr.de

Vom **Lügen**
Betrügen
und der **Moral**

Optische Täuschungen

– Wahrnehmung und Täuschung

4. Lüge und Intelligenz

— Fortsetzung

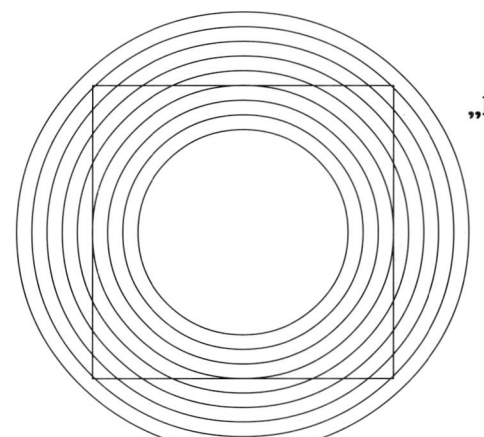

„Kissen" oder Quadrat?

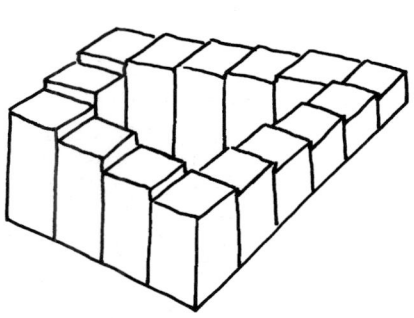

Treppauf oder treppab?

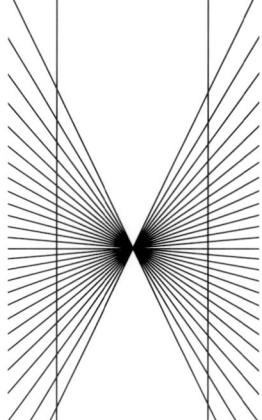

Gerade oder gebogene Senkrechte?

Projektvorschlag:

◎ **Sammelt weitere optische Täuschungen. Sucht dazu im Internet und in der Bibliothek. Sucht nach den Stichworten „Optische Täuschungen", „Optische Tricks", „Illusionen". Versucht auch herauszufinden, seit wann es z.B. „Optisches Spielzeug" gibt. Kopiert die schönsten Bilder oder malt sie ab und bastelt daraus gemeinsam eine Collage. Ihr könnt auch eine kleine Ausstellung machen. Wichtig ist, dass ihr zu jedem Beispiel eine „Gebrauchsanleitung" schreibt.**
***(Tipp:** Die so genannten Kippbilder, die man auf den Kopf stellen muss, könnt ihr mit einer Musterbeutelklammer an eurer Wandcollage befestigen, so lassen sie sich vorsichtig drehen.)*

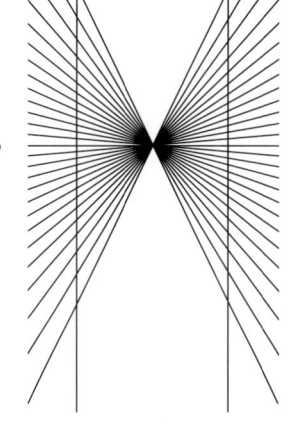

Welche Figur ist größer?

Kreise oder Spirale?

■ Vom **Lügen**
■ **Betrügen**
■ und der **Moral**

Lügen – ein Kartenspiel

Jeder Mitspieler bekommt 6 Karten eines normalen Kartenspiels auf die Hand.
Die restlichen Karten werden auf einen Haufen in die Mitte gelegt.
Eine Karte dieses Haufens wird vom Geber anfangs aufgedeckt.

Nun legen die Teilnehmer nacheinander im Uhrzeigersinn ab, es beginnt der Spieler links neben dem Geber. Er kann entweder die gleiche Zahl oder die gleiche Farbe (Pik, Herz, Karo oder Kreuz), wie sie oben auf dem Stapel liegt, ablegen. Allerdings werden die Karten verdeckt abgelegt und derjenige, der an der Reihe ist, sagt an, um welche Karte es sich handelt.
Nun haben alle Mitspieler das Recht, wenn sie jemanden des Schummelns verdächtigen „Lüge" zu sagen und die abgelegte Karte zum Überprüfen aufzudecken.

Handelt es sich tatsächlich nicht um die Karte, die angesagt wurde, dann muss der Spieler, der abgelegt und gelogen hat, alle abgelegten Karten auf die Hand nehmen.
Stimmen Ansage und Karte überein, dann muss derjenige, der ihn der Lüge bezichtigt hat, die Karten aufnehmen.

Gewinner ist, wer zuerst alle Karten abgelegt hat.
Dabei ist natürlich ein Pokerface gefragt – sonst wird man schnell beim Lügen ertappt.
Spielt das Spiel in Gruppen von mindestens drei Spielern!

👁 **Kennt ihr andere Spiele, bei denen es auf ein „Pokerface" ankommt?**
Macht eine Liste aller Spiele, die ihr kennt.

👁 **Unterstreicht oder markiert alle Spiele, bei denen man nur gewinnt, wenn man seinen Gegner erfolgreich täuschen kann.**

👁 **Diskutiert folgende Thesen:**
- Der Mensch muss manchmal einfach lügen, da ist es gut, wenn er es beim Spielen tut, wo es niemandem schadet.
- Wer beim Spielen lügt, trainiert damit seine Fähigkeit, auch im Alltag zu lügen.

© Verlag an der Ruhr ✎ Postfach 102251 ✎ 45422 Mülheim an der Ruhr ✎ www.verlagruhr.de

Vom **Lügen**
Betrügen
und der **Moral**

5.

Lügen
wie gedruckt

**Lügen haben
kurze Beine,
deshalb reisen sie
mit den schnellsten
Kommunikationsmitteln.**

— *Zarko Petan,
slowenischer Schriftsteller*

5. # Euphemismen

– Betrügerische Sprache?

Unsere geliebte Mutter
Edelgard Treugott
*weilt nicht mehr unter uns.
Sie verschied plötzlich und
völlig unerwartet am
12.8.2003 …*

Euphemismus (von griech. euphemein = schönreden) bezeichnet Wörter, die einen Sachverhalt beschönigend darstellen. Was ein Euphemismus ist und was nicht, ist auch ein Kampffeld von Ideologien: so kann ein für Geld arbeitender Mensch verschieden bezeichnet werden: „Arbeitnehmer", „Lohnabhängiger", „Mitarbeiter" oder „Arbeiter". Auch die Vulgärsprache der Ganoven enthält Euphemismen. So stehen die Begriffe „Bleispritze" oder „Engelmacher" für eine tödliche Schusswaffe.

— aus: Wikipedia, freie Enzyklopädie

Hier sind einige Beispiele für euphemistischen Sprachgebrauch:

friedlich entschlafen/verscheiden	– sterben
vollschlank	– dick
Goldener Schuss	– Drogentod
auf Arbeitssuche	– arbeitslos, entlassen
die Unwahrheit sagen	– lügen
finanzschwach	– arm, verarmt, mittellos
Geistige Umnachtung	– Wahnsinn
Klassenwiederholer	– Sitzenbleiber
Raumpflegerin	– Putzfrau, Zugehfrau
Zahlungserinnerung	– Mahnung
Endlösung *(der „Judenfrage")*	– von den Nazis geplante systematische Vernichtung aller Juden
Intelligente Waffen	– ferngesteuerte Vernichtungswaffen
Drohkulisse	– Kriegsvorbereitung
Kollateralschaden	– Tötung von Zivilisten
Weiche Ziele *(engl. soft targets, Ggs.: hard targets)*	– von Geschossen angepeilte Menschen oder Menschengruppen
Operation *(Operation Desertstorm)*	– Krieg – hier wird die Aufmerksamkeit sowohl auf eine medizinische Handlung gelenkt als auch eine Beziehung zu Naturerscheinungen (Sturm) hergestellt.
chirurgische Kriegsführung *(surgical warfare)*	– angeblich militärische Ziele genau treffende Luftattacken unter Vermeidung ziviler Opfer

---

👁 **Sucht gemeinsam mindestens fünf weitere Beispiele für euphemistischen Sprachgebrauch.**

👁 **Sind Euphemismen Lügen?**

👁 **Betrügt man jemanden, wenn man einen Euphemismus verwendet?**

👁 **Welche Funktionen haben Euphemismen?**

👁 **In welchen Alltagssituationen habt ihr euphemistische Sprache benutzt?**

👁 **Auch Politiker benutzen viele euphemistische Ausdrücke (gerade in Kriegszeiten). Recherchiert in Zeitungen und Zeitschriften euphemistische Ausdrücke von Politikern.**
*(**Tipp:** Recherchiert auch im Internet, gebt „Euphemismen + Politik" als Suchbegriffe ein.)*

„Der einzelne Bürger kann die nötigen Informationen nur aus den Medien und Aussagen von Politikern ziehen. Ist die Rede der in Öffentlichkeit stehenden Personen durchsetzt von Formulierungen, die darauf abzielen die Wirklichkeit zu verschleiern, so ändert sich die Wahrnehmung der Realität insgesamt."

— Nicole Zöllner: Der Euphemismus im alltäglichen und politischen Sprachgebrauch des Englischen. Peter Lang, 1997, S. 350

© Verlag an der Ruhr ✆ Postfach 102251 ✆ 45422 Mülheim an der Ruhr ✆ www.verlagruhr.de

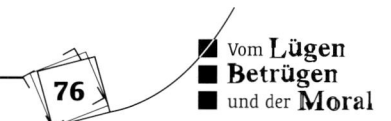

Vom **Lügen**
Betrügen
und der **Moral**

GRUNDGESETZ

Wie sie das Volk zu Besonnenheit und Opfern ermahnen!
Sie nennen es „das Volk", aber sie meinen Untertanen.
All das Leimen, das Schleimen ist nicht länger zu ertragen,
wenn du lernst zu übersetzen, was sie wirklich sagen!
Der Minister nimmt flüsternd den Bischof beim Arm:
„Halt' du sie dumm – ich halt' sie arm!"

Sei wachsam, präg' dir die Worte ein!
Sei wachsam, und fall' nicht auf sie rein!
Pass auf, dass du deine Freiheit nutzt;
die Freiheit nutzt sich ab, wenn du sie nicht nutzt!
Sei wachsam, merk' dir die Gesichter gut!
Sei wachsam, bewahr' dir deinen Mut.
Sei wachsam, und sei auf der Hut! [...]

Verrohung, Verdummung, Gewalt sind die Gebote,
ihre Götter sind Auflage und Einschaltquote.
Wir ha'm ein Grundgesetz, das soll den Rechtsstaat garantieren.
Was hilft's, wenn sie nach Lust und Laune dran manipulieren.
Ich hab Sehnsucht nach Leuten, die mich nicht betrügen,
die mir nicht mit jeder Festrede die Hucke voll lügen.
Und verschon' mich mit den falschen Ehrlichen,
die falschen Ehrlichen – die wahren Gefährlichen!

Ich hab' Sehnsucht nach einem Stück Wahrhaftigkeit,
nach 'nem bisschen Rückgrat in dieser verkrümmten Zeit.
Doch sag' die Wahrheit, und du hast bald nichts mehr zu lachen …
Wenn du die Wahrheit
    sagst, lass draußen den
    Motor laufen,
dann sag' sie laut und
    schnell, denn das Sprich-
    wort lehrt:
Wer die Wahrheit sagt,
    braucht ein verdammt
    schnelles Pferd.

— **Reinhard Mey auf der CD „Leuchtfeuer"**

👁 **Überlegt gemeinsam, an wen der Song gerichtet ist.**

👁 **Wer ist mit „Sie" gemeint?**

👁 **Im Text werden verschiedene Möglichkeiten genannt, die eigene Wachsamkeit zu schulen. Welche?**

Projektvorschlag:

◎ **Sammelt in Zeitungen, Zeitschriften und im Internet Informationen zum Thema „Staatliche Überwachung", „Datenschutz", „großer Lauschangriff", „Chipkarten", „Datamining" und „gläserner Mensch".**

◎ **Überlege, wie sehr dein tägliches Leben überwacht werden könnte, wenn jemand es wollte (denk dabei an Kameras auf öffentlichen Plätzen, an die Möglichkeit, dich über dein Handy zu orten etc.).**

◎ **Diskutiert, ob ihr euch durch die Möglichkeit der totalen Überwachung in eurer Freiheit eingeschränkt fühlt.**

■ Vom **Lügen**
■ **Betrügen**
■ und der **Moral**

Historische Lügen und Fälschungen

Die Konstantinische Schenkung

Eine weltberühmte Fälschung ist eine Urkunde aus dem achten oder neunten Jahrhundert, der zufolge der römische Kaiser Konstantin dem römischen Bischof und dessen Nachfolgern nicht nur seine kaiserliche Würde samt seiner Machtsymbole und den Lateranpalast in Rom, sondern auch die Herrschaft über Rom und ganz Italien sowie den westlichen Teil des Römischen Reiches überlassen habe. Er soll dies alles der römischen Kirche und dem Papst zum Dank für die Taufe (er war zum Christentum übergetreten) und für die Heilung vom Aussatz übergeben haben, als er seinen Regierungssitz nach Konstantinopel, in das heutige Istanbul, verlegte.

Auf die Idee, diese gefälschte Urkunde herzustellen, kam man wahrscheinlich, als im Mittelalter der Papst in Rom seine politische Macht vergrößerte und es ihm gelang, weltliche Herrscher, wie etwa den Frankenkönig Pippin, zu Schenkungen an die Kirche zu bewegen. Erst im 15. Jahrhundert gelang es nachzuweisen, dass die Urkunde gefälscht war.

mundus vult decipi = **Die Welt will betrogen werden**

Urkundenfälschung im Mittelalter

Die Konstantinische Schenkung ist Teil einer Sammlung von ca. 10.000 Dokumenten, den Pseudo-isidorischen Fälschungen (benannt nach ihrem angeblichen Verfasser Isidor Mercator). Diese sind teils echte, größtenteils aber gut gefälschte Quellen- und Rechtstexte, Papstbriefe und Konzilsbeschlüsse aus dem 1. bis 7. Jahrhundert, die in dieser Zusammenstellung insgesamt die kirchliche und politische Machtstellung des Papstes stärken sollten. Das Fälscherzentrum bestand wohl aus einer überaus gut informierten Gruppe von Klerikern, die um 850 in der französischen Stadt Reims arbeiteten. Nachdem bereits Nikolaus von Kues Zweifel geäußert hatte, gelang erst 1628 dem reformierten Theologen David Blondel der Nachweis der Fälschung.

👁 **Finde mehr über die Konstantinische Schenkung, ihren Anlass und ihre Wirkung heraus: Informiere dich dazu in Geschichtsbüchern über die Geschichte des Kirchenstaates. Welchen Interessen diente das gefälschte Dokument? Was sollte damit gerechtfertigt werden?**

Berühmte historische Lügengeschichten und Betrügereien

Das **Trojanische Pferd** ließen die Griechen den Trojanern zum Geschenk. Im Innern des hölzernen Pferdes hatten sich Krieger versteckt, die nachts die Tore öffneten, sodass die Heerscharen der Griechen in die antike Stadt eindringen und Troja erobern konnten.
Als die **letzte Tochter des Zaren, Anastasia**, bezeichnete sich Anna Anderson zeitlebens. Erst nach ihrem Tod brachte ein Gentest ans Licht: Anna war eine polnische Landarbeiterin.

Von adeligem Blut sei er, sagte der Schriftsteller **Honore de Balzac**. Tatsächlich war der „Edelmann" ein Bauernsohn.
Watergate – der politische Jahrhundertskandal in den USA. Eine Bespitzelungsaffäre, veranlasst vom damaligen Präsidenten Richard Nixon. Seine Worte: *„Ich habe nicht gelogen. Ich habe nur Dinge gesagt, die sich später als unwahr herausstellten."*

© Verlag an der Ruhr ✎ Postfach 102251 ✎ 45422 Mülheim an der Ruhr ✎ www.verlagruhr.de

Vom **Lügen** **Betrügen** und der **Moral**

— Fortsetzung

Die „Hitlertagebücher"

Ein Jahrhundertwerk entsteht: Der „Stern"-Reporter Gerd Heidemann stößt bei versessenen Recherchen im braunen Sumpf auf Dr. Fischer, alias Konrad Kujau. Dieser offeriert dem Journalisten eine Sensation: ein Tagebuch Adolf Hitlers. Angeblich sollen noch weitere 26 Tagebücher von Hitler existieren.
Heidmann meldet die Sensation sofort in der „Stern"-Redaktion. Thomas Walde, der Ressortleiter Zeitgeschichte, ist begeistert. Vorbei an der ahnungslosen Chefredaktion wird der Ankauf der Bücher in die Wege geleitet. Nach der ersten Anzahlung greift Kujau zur Feder. Mit Tinte für 4,25 Mark schreibt der Fälscher Führer-Philosophie in günstige ostdeutsche Schulhefte. Siegellack, Schleifpapier und Asche sorgen für die nötige Patina.

Am 28. April 1983 ist es endlich soweit: Der „Stern" kommt mit dem Coup an die Öffentlichkeit. Als Experten ihre berechtigten Zweifel an der Glaubwürdigkeit der Dokumente anmelden, werden diese abgewiesen.
Als der ganze Betrug dann dennoch auffliegt, wird Heidmann mit vier Jahren und acht Monaten Haft belegt. Der Fälscher Kujau kommt mit zwei Monaten weniger davon. Der „Stern" beklagt neben einem enormen Image-schaden auch den Verlust von fast 9,5 Millionen Mark. Kujau selbst bezeichnete die von ihm gefälschten Hitler-Tagebücher übrigens als „gute Arbeit".

Filmtipp:

Schtonk! *Satire, Deutschland 1991, Regie: Helmut Dietl Mit: Götz George, Uwe Ochsen-knecht, Christiane Hörbiger.*
Die Geschichte vom „Stern" und den ge-fälschten Hitler-Tagebüchern, die als einer der größten Skandale der deutschen Presse-geschichte gilt, diente dem Münchner Regisseur Helmut Dietl als Vorlage für einen der wahrscheinlich boshaftesten, groteskesten, aber auch erfolgreichsten deutschen Filme der 90er-Jahre. *Schtonk!* nannte er ihn in Anspielung auf ein Wort, das Charlie Chaplin in seinem Film „Der große Diktator" immer wieder benutzt, wenn dieser in der Rolle des Adolf Hinkel vor einem Spiegel seine Reden übt.

„Ich bereue nie was ... NIE! Ich bereue nur, dass sie mich erwischt haben"
— Konrad Kujau

Die „Auschwitz-Lüge"

Rechtsradikale und Neonazis sprechen von der „Auschwitz-Lüge" und wollen damit behaupten, den Holocaust habe es so nie gegeben und die Judenvernich-tung hätte niemals stattgefunden. Diese unglaubliche Behauptung stützen sie auf erlogene und erstunkene, angeblich historische Fakten. – Kaum eine Periode der deutschen Geschichte wurde historisch so gründlich dokumen-tiert und erforscht wie die Nazizeit. Jede ein-zelne der ungeheuren rechtsradikalen Lügen lässt sich wissenschaft-lich ganz eindeutig widerlegen.

Buchtipp:
Markus Tiedemann: **„In Auschwitz wurde niemand vergast." 60 rechtsradikale Lügen und wie man sie widerlegt.** Verlag an der Ruhr, 1996.

[Screenshot eines Internet-Browsers mit der Adresse http://www.nazis-im-internet.de/aktion-gegen-rechts/hass.htm – haGalil onLine / hagalil.com – nazis-im-internet.de – www.hagalil.com – Gegen NS-Propaganda im Internet... – Wahrheit und Liebe müssen siegen über Lüge und Hass – PRAVDA A LASKA MUSI ZVITEZIT NAD LZI A NENAVISTI – Teil I: Seite um Seite - Wahrheit gegen Hass – Startseite, Suchen, Termine, Newsletter, Postcards]

— Eine Aktion gegen die Verbreitung rechter Lügen und Propaganda. Nähere Informationen unter: www.nazis-im-internet.de/ aktion-gegen-rechts/hass.htm

© Verlag an der Ruhr ✳ Postfach 102251 ✳ 45422 Mülheim an der Ruhr ✳ www.verlagruhr.de

■ Vom **Lügen**
■ **Betrügen**
■ und der **Moral**

Als die Bilder lügen lernten

Projektvorschlag:

◎ **Informiert euch bei einer Zeitungsredaktion über die Möglichkeit der Bildbearbeitung am Computer.** Dazu fragt ihr am besten telefonisch oder schriftlich an, ob ihr einen Termin für eine Führung durch den Verlag und für eine kurze Fragerunde bekommen könnt. Fragt dort nach Beispielen für die Bildbearbeitung und danach, wer dafür zuständig ist, wie gearbeitet wird, usw. Schreibt anschließend einen Bericht über die von euch gesammelten Informationen.

◎ **Vorausgesetzt, euch stehen Computer, Scanner und entsprechende Bildbearbeitungsprogramme zur Verfügung, könnt ihr auch selbst Bilder bearbeiten.** Ihr könnt z.B. Portraitfotos von euch mit euren Lieblingsstars kombinieren oder auch ein Klassenfoto durch ein paar witzige neue Klassenkameraden ergänzen.

◎ **Sammelt verschiedenste Werbeanzeigen aus Zeitschriften.** Wie wird in den Bildern mit der Wirklichkeit umgegangen? Sind die Fotos offensichtlich digital bearbeitet? Schaut euch auch die Bilder in Reiseprospekten und Katalogen an (gibt es meist kostenlos im Reisebüro). Wie realistisch scheinen euch diese Fotos zu sein?

„Die Fotografie ist unwiderlegbar", hat Kurt Tucholsky geschrieben. Jetzt wird er selbst widerlegt – von der digitalen Bildbearbeitung mit der Paint Box. **Mit diesen Computerprogrammen kann man Fotografien fast beliebig bearbeiten, kombinieren und manipulieren.** Was früher in mühevoller Retusche und selten wirklich überzeugend gelang, ist heute ohne große Schwierigkeiten am Computerbildschirm zu machen: Aus fröhlichen werden traurige Gesichter, störende Personen verschwinden aus dem Bild, und Menschen, die sich nie gesehen haben, sitzen plötzlich an einem Tisch. [...]

Oft werden Fotos in einer Weise verändert, die der Intention von Fotografen, die sich als „Autoren" ihrer Werke verstehen, widerspricht. Im April 1992 beispielsweise war auf dem Titelbild des Spiegels unter der Dachzeile „Asyl – Die Politiker versagen" eine endlose Menge von „ausländisch" aussehenden Männern zu sehen, die sich durch ein Eisentor zwängten. Im Vordergrund sah man einen Beamten des Bundesgrenzschutzes, der die Menge zurückzudrängen versucht. Dasselbe Bild war einige Monate vorher schon einmal zur Bebilderung eines Artikels verwendet worden – der Polizist im Vordergrund fehlte allerdings: Er war aus einem anderen Foto hinzugefügt worden. Ein Hinweis auf die elektronische Bearbeitung der Aufnahme fehlte. Die Aussage des gefälschten Bildes war klar und sollte in den folgenden Monaten zum politischen Mythos hochstilisiert werden: Unkontrolliert drängen die

> Wer die Bilder beherrscht, beherrscht die Köpfe.
> — **Bill Gates**

Asylantenmassen nach Deutschland; die Politik und die Polizei stehen dem Ansturm machtlos gegenüber. **Solche visuellen Betrügereien verstoßen auch gegen das Urhebergesetz.** In dessen Paragraph 14 heißt es: *„Der Urheber hat das Recht, eine Entstellung oder eine andere Beeinträchtigung seines Werkes zu verbieten, die geeignet ist, seine berechtigten geistigen oder persönlichen Interessen am Werk zu gefährden."* Doch die wenigsten Fotografen wehren sich gegen die Entstellung ihrer Bilder – zu sehr hängen sie wirtschaftlich von den Verlagen ab. [...]

Die Vorstellung, dass ein Foto eine authentische Wiedergabe der Realität bietet, muss angesichts der digitalen Bearbeitungsmöglichkeiten auf jeden Fall ad acta gelegt werden. Die Paint Box liefert Wirklichkeiten nach Wunsch. Zwar waren Bearbeitungen und Verfälschungen von Fotos schon immer möglich und üblich, und Diktatoren, Stalin zum Beispiel, haben davon gerne Gebrauch gemacht, um in Ungnade gefallene Konkurrenten wie Trotzki aus historischen Fotos verschwinden zu lassen. Doch erst die elektronische Manipulation macht es möglich, Bilder vollkommen überzeugend und unsichtbar zu verändern. **Daher werden Fotografien vor Gericht heute nicht mehr als Beweismittel akzeptiert,** weil selbst Negative per Computer so perfekt manipuliert werden können, dass auch Fachleute die Fälschung nicht erkennen können.

> — **Tilman Baumgärtel in der taz Nr. 4443 vom 15.10.1994, S. 16**

© Verlag an der Ruhr ✎ Postfach 102251 ✎ 45422 Mülheim an der Ruhr ✎ www.verlagruhr.de

Vom **Lügen**
■ **Betrügen**
■ und der **Moral**

Medienmäßig ausgetrickst

> Die Wahrheit zu kopieren, kann eine gute Sache sein, aber die Wahrheit zu erfinden, ist viel besser.
>
> — **Guiseppe Verdi**

Der österreichische Kaiser Franz-Joseph lebte nach der Ermordung seiner beliebten Gemahlin Elisabeth mit Katarina Schratt, einer Nicht-Adeligen, zusammen. Das passte nicht zu dem Image des alten und einsamen Herrschers. Also gab es dieses Foto von einem Kuraufenthalt mit seiner Lebensgefährtin aus dem Jahre 1910 für die Öffentlichkeit nur in retuschierter Form.

Der Papalagi – ein Kultbuch der Alternativbewegung

Manchmal kommen gute Fakes auch dem Zeitgeschmack entgegen: In den 1980er-Jahren erreichte ein kleines Büchlein hohe Auflagen, das schon einmal in den 1920er-Jahren erschienen war. Ein Südsee-Häuptling schrieb in diesem Buch, nachdem er angeblich die europäische Zivilisation ausführlich bereist hatte, Briefe an seine wilden, aber unverdorbenen und angeblich im Einklang mit der Natur lebenden Landsleute auf Samoa. Er erklärte ihnen die merkwürdigen Sitten und Gebräuche im Europa des 20. Jahrhunderts und kritisierte heftig die Verstädterung der Industriegesellschaft, das in Europa herrschende Kommerzdenken, den Kapitalismus, die Umweltzerstörung. Nur leider: Der vorgebliche Übersetzer und Herausgeber Erich Scheurmann war zugleich der Autor des Textes; einen Südsee-Häuptling hat er nicht einmal gesehen!

Invasion vom Mars

Das am 30. Oktober 1938 im Radio gesendete berühmte Hörspiel „War of the Worlds" von Orson Welles wirkte so „echt", dass viele US-Amerikaner auf ihrer Flucht vor vermeintlichen Invasoren vom Mars die Highways verstopften. Es wird Menschen gegeben haben, die nicht sogleich an die Landung der Marsmenschen in New Jersey glaubten. Als aber ein Sprecher die Stimme Roosevelts imitierte und versicherte, es gebe keinen Grund zur Panik, flohen auch intelligentere Bürger auf die Freeways, um schnellstmöglich aus der Stadt zu kommen.

Projektvorschlag:

◎ **Teilt euch in zwei Gruppen auf:**
- **Die einen machen eine Fotoreportage über eure Schule, die sie von ihren allerbesten Seiten zeigt, so als ob alle gerne dorthin gehen und ganz begeistert lernen.**
- **Die anderen zeigen die Schule von ihrer schlechtesten Seite, so als könne man niemandem zumuten sich dort aufzuhalten.**

◎ **Stellt euch gegenseitig eure Reportagen vor:**
- **Mit welchen Methoden ist gearbeitet worden?**
- **Diskutiert, welche Gruppe die Schule „richtig" dargestellt hat?**

© Verlag an der Ruhr ✆ Postfach 102251 ✆ 45422 Mülheim an der Ruhr ✆ www.verlagruhr.de

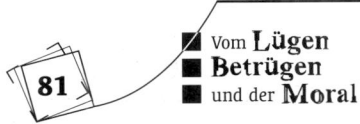

81

■ Vom **Lügen**
■ **Betrügen**
■ und der **Moral**

— Fortsetzung

Projektvorschlag:

◎ **Sammelt mehrere besonders reißerische Interviews mit Prominenten aus Zeitungen oder Zeitschriften. Überlegt zunächst, wie bekannt der oder die Prominente ist (z.B.: nur in Deutschland bekannt, auf der ganzen Welt bekannt usw.).**

- Glaubt ihr, dieses sei das einzige Interview, das er/sie in dieser Woche geführt hat?
- Wie sehr gehören Interviews zum „Alltagsgeschäft" von Prominenten?
- Wie lange hat dieses spezielle Interview wohl gedauert?
- Wie bekannt und „wichtig" ist der Journalist/die Journalistin, der/die das Interview geführt hat?
- Kennen sich die beiden Interviewpartner gut?

◎ **Schaut euch nun die Fragen und Antworten an:**

- Sind die Antworten eher allgemein, oder vermitteln sie einen sehr intimen Eindruck von der Person?
- Welches Interesse könnte ein Promi daran haben, Details aus der Privat- und Intimsphäre in der Öffentlichkeit zu verbreiten?

◎ **Stellt das Interview mit zwei Personen und in exaktem Wortlaut nach – alle Übrigen beobachten genau und stimmen anschließend ab, ob das Interview tatsächlich haargenau so verlaufen sein könnte, oder nicht.**

Tom Kummer – Meister des virtuellen Interviews

Der Journalist Tom Kummer arbeitete in seiner beachtlichen Karriere unter anderem für die „Weltwoche", die Berliner Seiten der „FAZ" und lieferte Beiträge für das Magazin der „Süddeutschen Zeitung". Einen Namen machte er sich mit seinen Interviews, die er angeblich mit Hollywood-Größen wie Sharon Stone, Brat Pitt, Johnny Depp, Kim Basinger, Pamela Anderson, Ivana Trump und Courtney Love geführt hatte. Die Beiträge für das Lifestyle-Magazin der Süddeutschen Zeitung wurden von den verantwortlichen Chefredakteuren ungeprüft publiziert. Durch ein sehr offenherziges Interview, das er angeblich mit der Schauspielerin Christina Ricci geführt hat-

te, flog der ganze Schwindel endlich auf: Christina Ricci gilt als besonders zurückhaltend und dieses Interview war einfach zu unwahrscheinlich – Kummers sensationelle Hollywood-Interviews waren sämtlich erlogen. Das Erschreckende an der Geschichte ist, dass Tom Kummer und sein auf Lügen aufgebauter Journalismus keinen Einzelfall darstellt. Es herrscht ein enormer Konkurrenzdruck innerhalb der Massenmedien – Nachrichten sind zu einer kostspieligen Ware geworden und jeder versucht schneller, besser, exklusiver zu sein. Dem sensationslüsternen Publikum muss geboten werden, was es verlangt. Und dazu wird an den Haaren herbeigezogen, erstunken und erlogen, was das Zeug hält. Weil es viel zu lange dauern würde, die Wahrheit zu suchen und zu finden, wird sie kurzerhand erfunden.

Ungeprüfte Sachbücher – grobe Fälschungen

Auch zwischen den großen Buchverlagen herrscht ein enormer Konkurrenzmarkt und Zeitdruck. Je aufsehenerregender die Bücher, desto besser für's Geschäft – Fakten werden viel zu wenig geprüft. Die aktuellsten Sachbuchpleiten: „Todeszone" — ein Bericht des angeblichen deutschen Top-Geheimdienstagenten Thomas Sanders, der in den 80er-

Jahren im Namen der Bundesrepublik Deutschland getötet habe und „Mitten in Afrika" die Lebensbeichte von Ulla Ackermann, die angeblich 16 Jahre lang als Kriegsberichterstatterin über Bürgerkriege und Massaker in Afrika berichtet habe. Bei beiden Büchern handelt es sich eindeutig um grobe Fälschungen und Lügenmärchen.

Vom **Lügen**
Betrügen
und der **Moral**

© Verlag an der Ruhr ✎ Postfach 102251 ✆ 45422 Mülheim an der Ruhr ✎ www.verlagruhr.de

– historische Wahlversprechen

Auch Barbarossa kannte den Dreh

[...] Wahlversprechen werden gebrochen, seit es Wahlen gibt – und das nicht nur in der Demokratie, sondern auch bei totalitären Plebisziten oder den Kaiserwahlen im Römisch-Deutschen Reich. Die Menschen wollten sich geradezu „betrügen lassen", befand schon Machiavelli, so sehr gehorchten sie „dem Eindruck des Augenblicks". Und in vielen Fällen erwies es sich sogar als vorteilhaft, wenn Politiker ihre Wahlparolen nicht eins zu eins in Taten umsetzten. [...]

Wahrscheinlich wären die Probleme der Rentenversicherung heute noch viel größer, hätte nicht schon Helmut Schmidt gleich nach seiner Wiederwahl 1976 den legendären „Rentenbetrug" begangen. [...] Und die deutsche Einheit wäre 1990 weit schwerer durchzusetzen gewesen, hätte Helmut Kohl nicht „blühende Landschaften" versprochen.

Doch die nicht gehaltenen Versprechen demokratischer Politiker nehmen sich harmlos aus im Vergleich zu den unerfüllbaren Zusagen, die Deutschlands Wahlkaiser einst den sieben Kurfürsten machten. So musste der Habsburger Karl V. [...] immerhin 850.000 Gulden an Bestechungsgeldern aufbringen, um das Gremium gefügig zu machen. In einer umfangreichen „Wahlkapitulation" versprach der künftige Herrscher unter anderem, seine Residenz in Deutschland zu nehmen. Doch nach der Wahl hielt sich Karl vorzugsweise in seinen spanischen Besitzungen auf [...].

Zu unlauteren Mitteln hatte schon der Stauferkaiser Friedrich Barbarossa gegriffen, den die nationalistische Geschichtsschreibung so gern als edelmütigen Herrscher verklärte. Um seine Wahl im Jahr 1152 abzusichern, musste Barbarossa dem Papst die Wahrung seiner Interessen zusichern und seinem Vetter Heinrich dem Löwen das Her-

zogtum Bayern versprechen. Kaum gewählt, betrieb Barbarossa einen rücksichtslosen Kampf gegen die Gebietsansprüche des Papsts in Italien. Und das Herzogtum Bayern wurde dem Welfen 1180 wieder aberkannt, weil er es gewagt hatte, sich dem kaiserlichen Machtanspruch zu widersetzen.

Wofür Barbarossa immerhin 30 Jahre brauchte, das schaffte Napoleon innerhalb eines Tages: So schnell wie der Franzose hat wohl noch kein Herrscher seine Zusagen gebrochen. Noch am 9. November 1799, dem „18. Brumaire", versprach er dem „Rat der Alten" hoch und heilig: „Wir wollen eine Republik, die auf der wahren Freiheit, auf der Bürgerfreiheit, auf der Vertretung der Nation beruht." Schon am nächsten Tag ließ er ebenjene Vertretung der Nation von Soldaten auseinander treiben. Fünf Jahre später machte er der Republik auch offiziell ein Ende: 1804 krönte er sich selbst zum Kaiser der Franzosen.

Immerhin versuchten die meisten Wahlbetrüger der Geschichte, ihr Vorgehen einigermaßen zu bemänteln. Nicht so die deutschen Sozialdemokraten, die 1928 ein besonderes Kunststück zuwege brachten. Dass eine SPD-geführte Regierung den Bau des „Panzerkreuzers A" beschloss, obwohl die Partei ihre Wahlkampagne ganz auf den Kampf gegen das Projekt ausgerichtet hatte, bewegte sich noch im Rahmen des Üblichen. Ganz und gar ungewöhnlich verlief jedoch die anschließende Abstimmung im Reichstag: Auf Druck der eigenen Basis mussten die SPD-Minister ebenjenen Antrag ablehnen, den sie am Kabinettstisch selbst beschlossen hatten. Solche Manöver trugen dazu bei, die Weimarer Republik weiter zu schwächen und Adolf Hitler den Weg zu ebnen. Er sollte sich als einziger Herrscher

erweisen, der sein Wahlprogramm mit unmenschlicher Konsequenz erfüllte. Schon im Jahr 1919 hatte Hitler für einen „Antisemitismus der Vernunft" plädiert, dessen „letztes Ziel" die „Entfernung der Juden überhaupt" sein müsse. In „Mein Kampf" versprach er: „Deutschland wird entweder Weltmacht oder überhaupt nicht sein." Leider wird niemand behaupten können, dass Hitler sich nicht mit aller Kraft für die Verwirklichung dieser Ziele eingesetzt hätte.

— Ralph Bollmann, taz Nr. 6922 vom 5.12.2002, S. 4

👁 **Suche dir eine der dargestellten „Lügengeschichten" aus und sammle in Geschichtsbüchern und -lexika nähere Informationen dazu.**

👁 **Präsentiere deinen Fall, z.B. als aktuell aufgemachte Zeitungsmeldung. Schreibe einen eigenen Kommentar dazu, in dem du die Handlung und ihre Folgen beurteilst.**

Lügen in der Politik
– Die deutsche Einheit

Die deutsche Einheit: gebaut auf Unwahrhaftigkeit?

Der damalige Bundeskanzler Helmut Kohl hatte im Wahlkampf 1990 den Bürgern der DDR „blühende Landschaften" versprochen. Niemandem werde es nach der Wiedervereinigung schlechter gehen als vorher.

Unsere aktuellen politischen Probleme sind ganz überwiegend Folge der wohl gravierendsten Unwahrhaftigkeit der deutschen Nachkriegsgeschichte. Die deutsch-deutsche Vereinigung, so wurde vor über zehn Jahren einer verunsicherten Bevölkerung Ost mitgeteilt, werde niemanden schlechter und alle besser stellen, und zwar – so die Botschaft an den Westen – ohne zusätzliche Belastungen: die Wiedervereinigung als wundersamer Selbstläufer. Folge dieser Unwahrhaftigkeit ist, dass fast die gesamten Kosten der Vereinigung (etwa 70 Milliarden Euro machen die Transfers jährlich von West nach Ost aus) über eine dramatische Erhöhung der Sozialabgaben, sprich über eine Verteuerung der Arbeitskosten und eine Erhöhung der Arbeitslosigkeit bezahlt wurden. Diejenigen, die damals wahrhaftig agierten und nicht verschwiegen, dass die Vereinigung – eine wirtschaftliche Blitz- und Schockvereinigung mit einem 1:1-Umtauschkurs zumal – mit hohen Kosten verbunden sein würde, wurden abgestraft, erst in der veröffentlichten Meinung, dann an der Wahlurne. Diese Bestrafung politischer Wahrhaftigkeit hat die politische Klasse gelehrt, dass Wahrheit nur noch in homöopathischen Dosen verabreicht werden dürfe. Lügen werden dabei, wenn es geht, vermieden, aber es fehlt an Wahrhaftigkeit, aus der allein politische Gestaltungskraft wachsen kann.

— **Julian Nida-Rümelin: Mit der Wahrheit lügen, in: Die Zeit 03/2003**

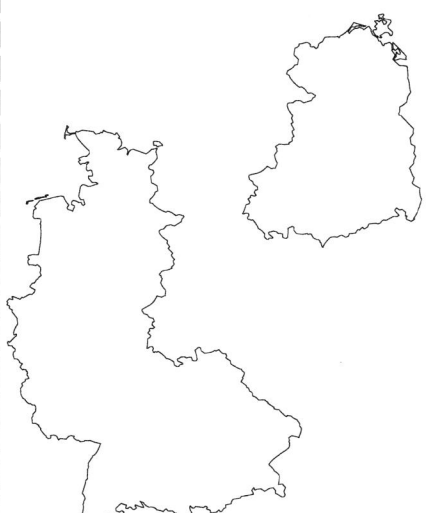

👁 **Informiere dich im Geschichtsbuch über die genauen ökonomischen und politischen Zusammenhänge auf dem Weg zur deutschen Einheit im Jahre 1990: Welche wirtschaftlichen Hoffnungen sind damals in den Wahlkämpfen und durch die Einführung der gemeinsamen Währung geweckt worden? Wie ist die tatsächliche Entwicklung in den Jahren seitdem verlaufen?**

👁 **Die jüngste deutsche Geschichte hat gezeigt, dass politische Wahrhaftigkeit bestraft wird – welche Konsequenzen haben die meisten Politiker daraus gezogen? Was passiert aber laut Julian Nida-Rümelin, wenn es an Wahrhaftigkeit in der Politik fehlt?**

Ein kluger Machthaber kann und darf sein Wort nicht halten, wenn ihm dies zum Schaden gereicht und wenn die Gründe weggefallen sind, die ihn zu seinem Versprechen veranlasst haben. Wären die Menschen alle gut, so wäre dieser Vorschlag nicht gut; da sie aber schlecht sind und das gegebene Wort auch nicht halten würden, hast auch du keinen Anlass, es ihnen gegenüber zu halten. Auch hat es einem Herrscher noch nie an rechtmäßigen Gründen gefehlt, seinen Wortbruch zu bemänteln.
— **Niccoló Machiavelli**

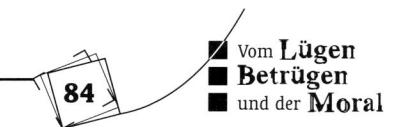

Vom **Lügen**
Betrügen
und der **Moral**

© Verlag an der Ruhr ✆ Postfach 102251 ✆ 45422 Mülheim an der Ruhr ✆ www.verlagruhr.de

Lügen in der Politik

– Wahlpropaganda

Politiker dürfen nicht lügen und auch nicht die Wahrheit sagen

Aufgabe der Politik ist es, allgemeinverbindliche Entscheidungen herzustellen. Damit das möglichst sachgerecht gelingt, müssen die Politiker um Vertrauen werben und sich in regelmäßigen Abständen dem Wählervotum stellen. Das setzt voraus, dass die Wähler überhaupt zur Wahl gehen. Zunächst müssen also die Wähler mobilisiert werden. Keine leichte Aufgabe. Eigentlich lohnt der Gang zum Wahllokal nicht. Der Teilhabefaktor eines Bürgers beträgt 0,000 000 0165. Das hört man in Wahlreden natürlich nicht. In diesen müssen die Politiker öffentlich begründen, warum sie gewählt werden sollten: dass sich die Wähler auf sie verlassen könnten und dass sie dieses oder jenes tun würden, zum Beispiel den Armen und Schwachen helfen, den Rinderwahnsinn austreiben und die Arbeitslosigkeit beseitigen. Mit der Wahlwerbung beginnt ein Teufelskreis. Bei Wahlen wollen die Politiker die Wahrheit sagen, aber sie können es nicht. Das Volk ist souverän, weil es seine eigene Wahrheit hat. Wie alle Menschen hören die Wähler nur, was sie verstehen und hören wollen. Die Ankündigung von Maßnahmen setzt Prognosen voraus, die notorisch unzuverlässig sind. Die Differenz zwischen Wahlpropaganda und Wirklichkeit muss man noch multiplizieren mit dem Überbietungswettbewerb der Parteien.

Das alles weiß allerdings jeder und wäre daher nicht schlimm. Schlimm ist aber, dass die Politiker selbst nie sagen dürfen, sie müssten systembedingt die Unwahrheit sagen. In der Politik ist der Satz „Ich sage euch die Unwahrheit" zwar ehrlich, aber dysfunktional, weil man mit ihm kein Vertrauen gewinnen kann. Der Widerspruch liegt nicht in den Personen, er liegt im System. In der Moderne muss die Moral die Kosten der Zukunfts-

orientierung zahlen. Das System ist aber das bestmögliche, und wir sind darauf angewiesen. Also dürfen wir es nicht beschädigen. Der einzige Ausweg: Wir dürfen über das Paradox jeder Wahlpropaganda – sie täuscht, um Vertrauen zu gewinnen – entweder gar nicht oder nur hinter vorgehaltener Hand sprechen. Wir müssen das Paradox tabuisieren.

— Gerd Roellecke: Der Schweigespiralnebel, Frankfurter Allgemeine Zeitung, 16.12.2002, Nr. 292, S. 35

👁 Lies den Text aufmerksam durch. Beschreibe in wenigen Sätzen den Teufelskreis, in dem die Politiker stecken.

👁 Erkläre anschließend das Paradox, mit dem die Wähler konfrontiert werden.

Projektvorschlag:

◎ **Macht eine Umfrage zum Thema Lügen in der Politik. Teilt euch dazu in zwei Gruppen auf:**

• Die eine Gruppe befragt Wähler, was sie von der Ehrlichkeit in der Politik halten und warum sie wählen gehen oder es bleiben lassen. *Tipp: Ihr könnt Leute z.B. auf der Straße, an Bushaltestellen usw. ansprechen. Seid dabei höflich und erklärt zunächst, worum es in eurer Umfrage geht, bevor ihr eure Fragen stellt.*

• Die andere Gruppe befragt Politiker aus eurer Gemeinde, wie sie mit dem Anspruch auf unbedingte Wahrheit zurecht kommen. *Tipp: Erkundigt euch zunächst telefonisch bei den Ortsvereinen verschiedener Parteien, ob, wann und wo ihr ein kurzes Gespräch mit einem der Politiker führen dürft.*

◎ **Diskutiert aufgrund der von euch notierten Antworten, wie groß das Verständnis der Wähler für die Politiker und wie groß das der Politiker für die Wähler ist.**

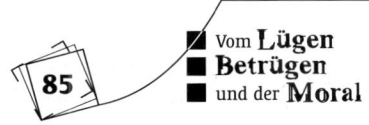

Vom **Lügen** **Betrügen** und der **Moral**

Lügen in der Politik

– politische Reden

> Für einen Politiker ist es gefährlich die Wahrheit zu sagen. Die Leute könnten sich daran gewöhnen, die Wahrheit hören zu wollen.
> — George Bernhard Shaw

👁 **Der Autor unterscheidet Lüge von Unwahrheit, Wahrheit von Wahrhaftigkeit. Erkläre die Unterschiede anhand von eigenen Beispielen.**

👁 **Suche in Zeitungen oder im Internet (z.B. www.bundestag.de oder Homepages der Parteien) nach einer aktuellen politischen Rede und überprüfe, ob und inwieweit sie die abschließenden Äußerungen des Autors bestätigt.**

Mit der Wahrheit lügen

Meine These lautet: Es wird in der Politik nicht mehr gelogen als in anderen Bereichen des gesellschaftlichen Lebens, dennoch gibt es ein ernsthaftes Problem mangelnder Wahrhaftigkeit in der Politik, und dieses Problem ist kein externes „moralisches" allein, es bedroht die politische Gestaltungskraft.

In der Politik wird schon deshalb nicht mehr, sondern eher weniger gelogen als in anderen gesellschaftlichen Bereichen, weil es hier ein ausgeklügeltes System der Kontrolle politischer Äußerungen gibt. Dafür bürgt die umfassende Protokollierung des Wortlautes oder zumindest des Tenors, die Publikation politischer Reden, die journalistische Berichterstattung und Kritik – und vor allem die politische Konkurrenz zwischen, aber auch innerhalb der Fraktionen und Parteien. **Nur selten greift die politische Rede zur unzweifelhaften Lüge.** Ein Politiker, der der Lüge überführt wird, hat meist ein ernstes Problem, die politische Skandalgeschichte bietet dazu reichhaltiges Anschauungsmaterial von Franz Josef Strauß bis Bill Clinton.

Dennoch ist Unwahrhaftigkeit ein ständiger Begleiter der Politik, und in schwierigen Zeiten kann das zu gefährlichen politischen Handlungsblockaden führen.

Politiker lügen selten, aber umso häufiger verletzen sie das moralische Gebot der Wahrhaftigkeit. Um dieses Urteil plausibel zu machen, ist es notwendig, auf den Unterschied zwischen Wahrheit und Wahrhaftigkeit beziehungsweise zwischen Lüge und Unwahrhaftigkeit näher einzugehen.

Dass man wahrhaftig sein kann, ohne die Wahrheit zu sagen, liegt auf der Hand, denn man kann eine Auskunft „besten Wissens" geben und sich dennoch irren. Wer lügt, sagt wissentlich die Unwahrheit. „Fritz lügt, wenn er sagt, dass p" bedeutet: „p ist falsch und Fritz weiß, dass p falsch ist." Wenn p dagegen wahr ist, Fritz aber meint, p sei falsch, und sagt, p sei wahr? Dann sagt Fritz unwillentlich die Wahrheit. Seine Äußerung war nicht wahrhaftig, aber wahr. Wenn Fritz sagt, dass p tatsächlich wahr ist, Fritz aber erwartet, dass seine Äußerung bei den Adressaten irrtümliche Überzeugungen hervorrufen, dann ist Fritz ebenfalls unwahrhaftig, obwohl er der Lüge nicht bezichtigt werden kann. Wahrheit müssen wir also von Wahrhaftigkeit so sorgfältig unterscheiden wie Irrtum von Lüge. [...]

Die politische Rede ist auf prägnante Kürze angewiesen. Es sind nur wenige einfache Botschaften, die außerhalb der kleinen Kreise von speziell Interessierten Wirkung entfalten können. Die Verdichtung komplexer politischer Zusammenhänge in wenigen Sätzen ist eine besondere Kunst, die Politiker und deren engste Mitarbeiter beherrschen müssen, um Erfolg zu haben. Je verdichteter die Botschaft, desto größer allerdings der implizite Gehalt und daher desto größer das Risiko und die Versuchung, mit wahren Aussagen unwahrhaftig zu sein.

— **Julian Nida-Rümelin: Mit der Wahrheit lügen, Die Zeit 03/2003**

© Verlag an der Ruhr ✎ Postfach 102251 ✎ 45422 Mülheim an der Ruhr ✎ www.verlagruhr.de

Lügen in der Politik

– Rentenversprechen

Norbert Blüm, damals Bundes-arbeitsminister, sagte dem Fernsehmagazin „Frontal 21" am 10.12.2002:

Blüm: „Und mein Satz bleibt: Die Rente ist sicher. Das ist kein Naturprodukt, sondern dafür sind Reformen, die ich ja gemacht habe, wichtig."

Frontal 21: „Es geht nicht darum, ob die Rente sicher ist, sondern um das Renten-niveau."

Blüm: „Wir haben ja eine Rentenreform gemacht, wo das Rentenniveau gesunken ist. Richtig, es ist gesunken."

Frontal 21: „Es wird ja auch weiter sinken. Müsste man die Leute nicht darauf vorbereiten?"

Blüm: „Im Unterschied zu Ihnen weiß ich nicht, wie sich die Altersgrenze im Jahr 2050 entwickelt. Das weiß der liebe Gott – und Sie, ich weiß es nicht."

© Verlag an der Ruhr ✆ Postfach 102251 ✆ 45422 Mülheim an der Ruhr ✆ www.verlagruhr.de

---

Die Rente ist sicher?

Ein berühmtes, schon etwas zurückliegendes Beispiel aus der Politik ist Norbert Blüms gebetsmühlenartig und mit treuherzigem Augenaufschlag wiederholter Spruch: *„Die Rente ist sicher."* Das war (und ist) zweifellos wahr: Niemand muss befürchten, dass er eines Tages keine Rente mehr bekommt. Zudem, wer wollte verhehlen, dass besonders Ältere, die ein oder zwei Kriege erlebt haben, leicht zu verängstigen sind und es daher sinnvoll ist, wenn die Politik Zuversicht ausstrahlt? Die guten Absichten Blüms stehen für mich außer Zweifel, er wollte nicht nur ältere Menschen beruhigen, er wollte auch keine grundlegende Veränderung des Rentensystems. Dennoch scheint mir das Blümsche Mantra [...] Ausdruck mangelnder Wahrhaftigkeit zu sein, denn es wurde als Versicherung verstanden, es sei im System der Rentenfinanzierung alles in Ordnung, ein großer Reformbedarf bestehe nicht. Dieser „Subtext" führt in die Irre. Wer die heute allgemein anerkannten Risiken kennt, kann zwar immer noch behaupten: „Die Rente ist sicher", doch um nicht unwahrhaftig zu sein, muss er dann hinzusetzen, „aber es muss entweder einen deutlichen Anstieg des Verrentungsalters geben oder wesentlich mehr Zuwanderung oder höhere Beiträge oder einen erhöhten Steueranteil ...", damit das heutige Niveau der Altersversorgung gehalten werden kann". Nach den Regeln der klassischen Logik kann eine falsche Aussage nicht durch die Hinzufügung (Konjunktion) weiterer Aussagen wahr werden. Eine unwahrhaftige Äußerung kann aber durch Hinzufügungen wahrhaftig werden.

— **Julian Nida-Rümelin: Mit der Wahrheit lügen, Die Zeit 03/2003**

👁 **Erkläre den vom Autor genannten Unterschied zwischen einer falschen Aussage und einer unwahrhaftigen Aussage. Suche ein Beispiel zur Veranschaulichung.**

👁 **Welche allgemeine Forderungen an die Politik entwickelt der Autor aus dem Rentenbeispiel?**

Projektvorschlag

◎ **Finde heraus, wie unser Rentensystem funktioniert und worin angesichts der Bevölkerungsentwicklung die Probleme dieses Systems liegen.**

◎ **Schreibe in Stichworten auf, welche Folgen die Probleme des Rentensystems für folgende unterschiedliche Altersgruppen haben:**
  - **für die heutigen Rentnerinnen und Rentner,**
  - **für diejenigen, die heute im Erwerbsleben stehen,**
  - **für euch, die Jugend von heute.**

Tipp: *Gute und verständliche Informationen zum Rentensystem findet ihr auf den Seiten von Quarks & Co (www.quarks.de – als Suchbegriff „Rentensystem" eingeben und dann weiterklicken!). Die Sendung von Quarks & Co „Die Rente – anders erklärt" ist sogar als pdf kostenlos herunterzuladen unter: www.quarks.de/pdf/Quarks_Die_Rente_cwdr2003.pdf*

Vom **Lügen** **Betrügen** und der **Moral**

Propaganda und Manipulation

Dossier war abgeschrieben und gefälscht

Anfang Februar 2003 präsentierte die britische Regierung ein Dossier, mit dem sie beweisen wollte, dass die Iraker die Ermittlungen der UN-Waffenspektoren behinderten.
Als Nachweise für dieses Dokument wurden unterschiedliche Quellen, u.a. Material der Nachrichtendienste angegeben. Der US-Außenminister lobte das Dossier im UNO-Sicherheitsrat am 5. Februar als ein *„schönes*

britisches Dokument, das in exquisiten Details irakische Täuschungsaktivitäten beschreibt". Der britische Fernsehsender Channel Four deckte wenige Tage später jedoch auf, dass die britische Regierung das Dokument aus mehreren Quellen zusammengeschrieben hatte, unter anderem aus Arbeiten von Studenten. Mindestens 10 von 19 Seiten entstammen einer bereits 12 Jahre alten im Internet veröffentlichten Doktorarbeit eines Wissenschaftlers, der als Experte auf dem Gebiet der Verbreitung von ABC-Waffen in den Ländern des Nahen Ostens gilt.
„Ein einfacher Fall von Ausschneiden und Zusammenkleben", kommentierte der Wissenschaftler selbst: *„Sogar meine Rechtschreibfehler sind übernommen worden."*

— aus: **Die Welt, 8. Februar 2003**

👁 **Welche Gründe hatten die britische und die amerikanische Regierung, diese angeblichen Beweise vorzulegen?**

👁 **Erinnert euch an die zahlreichen Demonstrationen Anfang 2003 gegen den Krieg im Irak.
Was waren die Argumente gegen den Krieg?
Was waren die Argumente für den Krieg?
Stellt gemeinsam eine Liste zusammen.**

👁 **Verfolgt die aktuelle Situation im Irak in den Nachrichten. Diskutiert aufgrund dieser Informationen positive und negative Auswirkungen des Krieges (vergesst dabei nicht das Leid der irakischen Bevölkerung unter Saddam Hussein und eure persönlichen Ängste in den letzten Wochen vor dem Angriff).**

Die Niger-Connection

Amerikanische Geheimdienste und die US-Regierung behaupteten lange, der Irak habe versucht, im Jahr 2000 im afrikanischen Staat Niger große Mengen Uran zur Herstellung einer Atombombe zu kaufen. Diese angebliche Niger-Connection hatte vor allem dazu beigetragen, dass die Demokraten sich dem harten und kriegstreiberischen Kurs von US-Präsident George W. Bush anschlossen. Auf einem Brief, der den Handel mit Uran zwischen dem Irak und Niger beweisen

sollte, befand sich die Unterschrift des nigrischen Außenministers mit dem Datum des 10. Oktobers 2000. Dieser Politiker war aber schon seit 1989 nicht mehr im Amt. UN-Chef-Inspektor Mohammed el Baradei deckte zudem auf, dass es sich bei der Unterschrift des nigrischen Präsidenten um eine Fälschung handelte und machte die plumpe Täuschung Anfang März 2003 publik.

— aus: **Süddeutsche Zeitung, 28.3.2003**

© Verlag an der Ruhr ✎ Postfach 102251 ✎ 45422 Mülheim an der Ruhr ✎ www.verlagruhr.de

Irak-Krieg: Öffentlichkeit manipuliert und getäuscht

„Kann man mit falschen Gründen den richtigen Krieg führen?", fragt Jan Ross in einem ZEIT-Artikel vom 24.07.2003. Um die Meinung der breiten Öffentlichkeit zu beeinflussen und allgemeine Zustimmung zu einem militärischen Angriff auf den Irak zu erzielen, wurde Ende 2002/Anfang 2003 Geheimdienstmaterial propagandistisch manipuliert und mit reißerischen Behauptungen „aufgemotzt" an die Öffentlichkeit gebracht. Bei der Entscheidung für einen Krieg gegen Saddam Hussein spielten zwei Waffendossiers eine große Rolle, in denen Wissenschaftler die Gefahr von Saddams (Massenvernichtungs-)Waffen einschätzten und analysierten.

Das jüngste Dossier von Februar 2003 wurde bereits wenige Tage nach der Veröffentlichung als zusammengestückelte und geklaute Fälschung enttarnt. Ende Mai sorgte ein Bericht des Nachrichtensenders BBC für Aufruhr: Darin hieß es, bereits das Waffendossier von September 2002 sei manipuliert und durch falsche bzw. übertriebene Thesen aufgebauscht worden.

Aufbauend auf den Schock der Terroranschläge vom 11. September 2001 wurde mit dem Argument der Bedrohung durch chemische und biologische Waffen ein Angstszenario kreiert und irreale Ängste der Bevölkerung geschürt. –

Saddams Massenvernichtungswaffen, die als Haupt-Rechtfertigungsgrund für einen Angriff galten, konnten zumindest bis heute (Stand August 2003) nicht gefunden werden. – In seinem Artikel kommt Jan Ross zu dem Schluss: „Man kann mit falschen Gründen den richtigen Krieg führen. Aber nur einmal." Denn: „Wer einmal lügt, dem glaubt man nie wieder." Das Vertrauen der Bevölkerung in ihre Regierungen ist stark gesunken. Allein eine entscheidende Verbesserung der Situation im Irak und der Lebensbedingungen der Iraker könnte die einzig denkbare Rechtfertigung für den Betrug und die Lügen im Zusammenhang mit dem Irakkrieg sein.

BBC verbreitet in zweifelhaftem Bericht, britische Regierung habe gelogen

Am 29. Mai 2003 strahlte der britische Sender BBC einen Bericht aus, in dem der Regierung unterstellt wurde, die Öffentlichkeit in den Monaten vor dem Angriff auf den Irak absichtlich manipuliert und getäuscht zu haben. Der BBC-Militärkorrespondent Andrew Gilligan behauptete unter Berufung auf einen angeblich „hochrangigen Geheimdienstler" die Gefahr von Saddam Husseins Massenvernichtungswaffen sei maßlos übertrieben worden. Die Behauptung, der Irak könne binnen 45 Minuten chemische Waffen verschießen, entbehre jeder wissenschaftlichen Grundlage und sei allein aus propagandistischen Zwecken auf Drängen von Regierungsmitgliedern in das Waffen-Dossier vom September

2002 aufgenommen worden. Der Bericht der BBC löste einen Skandal aus.

Das Absurde an der ganzen Geschichte: Die BBC macht sich genau jener Sünde schuldig, die sie der Regierung vorhielt: Der Bericht selbst war aufgebauscht. Die zweifelhaften Behauptungen stützen sich auf unzureichende Quellen und Vermutungen. Später stellte sich außerdem heraus, dass die Informationen tatsächlich nicht von einem „hochrangigen Geheimdienstler", sondern von dem Regierungsberater David Kelly, einem Mikrobiologen und Experten für biologische Waffensysteme, stammten. Der Skandal erreichte seinen Höhepunkt, als David Kelly kurz darauf Selbstmord beging.

👁 **Wie hast du dir die Auswirkungen des Irak-Krieges vor dem Angriff vorgestellt? Woher kamen und worauf beruhten diese Vorstellungen? Und jetzt? Bist du gut informiert über die aktuelle Situation im Irak und über die Auswirkungen des Krieges?**

👁 **Fühlst du dich von den Medien, der Berichterstattung und Meinungsmache vorher bzw. nachher betrogen oder getäuscht?**

■ Vom **Lügen**
■ **Betrügen**
■ und der **Moral**

Verschwörungs-
theorien im Internet

"Verschwörungs-
theorien sind eine anste-
ckende Form von Paranoia,
die eine ganze Gesellschaft
umfassen kann."
— Psychotherapeutin
Catherine Gildiner, zit. in:
Die Zeit, 24.07.2003

Die „Mondlandungs-Lüge"

Dass die historische Mondlandung am 20. Juli 1969 tatsächlich stattgefunden habe, bezweifelt mittlerweile eine recht große Schar von Menschen. Etwa 14 % der US-amerikanischen Bevölkerung halten es für möglich, dass die Astronauten der NASA niemals den Mond betreten haben. Weitere 6 % sind fest von der „Mondlandungs-Lüge" überzeugt: Die Bilder und Filmaufnahmen seien angeblich wohl eher in Hollywood als auf dem Mond entstanden. Die Theorie, dass die NASA sämtliche sechs Mondlandungen gefälscht habe, hält sich hartnäckig, obwohl die Argumente der Zweifler weitgehend durch angesehene Physiker und andere Wissenschaftler entkräftet worden sind.

Mehr zum Thema „Mondlandungs-Lüge" findet ihr unter anderem auf folgender Internet-Seite: www.apollo-projekt.de

Deutsche glauben an amerikanische Verschwörung

Insbesondere seit dem Irakkrieg und der in diesem Zusammenhang wieder laut gewordenen Kritik an der amerikanischen Medienberichterstattung, leben alte Verschwörungstheorien gegen die Weltmacht USA wieder auf und werden durch immer neue noch verstärkt. „Was darf man eigentlich noch glauben?", lautet die häufigste Frage im Gespräch mit Jugendlichen. Nur 27 % aller Deutschen glauben zum Beispiel, aus den Massenmedien die volle Wahrheit über die Anschläge vom 11. September erfahren zu haben. Erschreckend ist die hohe Zahl derer, die tatsächlich an eine amerikanische Verschwörung glauben: Mittlerweile halten es 31 % der unter 30-jährigen Deutschen für möglich, dass die US-Regierung die Anschläge des 11. September selbst in Auftrag gegeben habe.

— nach einer Umfrage der ZEIT, 24.7.2003

Die 10 wichtigsten Komplotte findet ihr unter:
www.geocities.com/hoefig_de/Verschiedenes/
Verschwoerungstheorien_der_Medien.html

👁 **Fallen euch weitere Verschwörungstheorien ein? Macht eine Liste.**

👁 **Diskutiert, warum die Verbreitung von Verschwörungstheorien im Internet besonders erfolgreich und besonders gefährlich ist.**

Selbst den Beatles glaubt man nicht

„Paul is dead", behaupteten Ende der 60er-Jahre etliche BEATLES-Fans. 1969 kamen die Todes-Gerüchte erstmals auf, der angebliche Unfalltod des Bassisten der erfolgreichsten Beatband der Welt war ein beliebtes Thema in Presse, Rundfunk und Fernsehen: Angeblich sei Paul McCartney durch einen Doppelgänger ersetzt worden. Als Beweis gelte u.a. eine plötzlich verschwundene Narbe Pauls über der Oberlippe.
Kaum zu glauben, aber wahr: Im Internet wird diese wagemutige These nun wieder aufgefrischt. Das österreichische Online-Magazin „LOQ12" weist darauf hin, dass auf diversen Homepages die Behauptung diskutiert wird: Der heutige Paul McCartney sei in Wahrheit William Campbell, der Gewinner eines McCartney-Doppelgänger-Wettbewerbs vom Winter 1966.
— www.wildwechsel.de/ARTIKEL/INPUT/2000/07/beatels.htm

© Verlag an der Ruhr ✆ Postfach 102251 ✆ 45422 Mülheim an der Ruhr ✆ www.verlagruhr.de

6.
Lügen in Ausnahme-Situationen

**Es wird niemals
so viel gelogen
wie vor der Wahl,
während des Krieges
und nach der Jagd.**

— *Otto von Bismarck,
deutscher Reichskanzler*

Vom **Lügen**
Betrügen
und der **Moral**

Macht und Lüge sind unzertrennlich

> Die Lüge kann nie zur Wahrheit werden dadurch, dass sie an Macht wächst.
> — *Rabindranâth Tagore*

👁 **Glaubst du, Leute, die an der Macht sind und stellvertretend für viele Menschen Entscheidungen treffen, müssen manchmal lügen? Wann? Warum? Suche Beispiele.**

Projektvorschlag

◎ **Politiker werfen sich oft gegenseitig vor, nicht immer bei der Wahrheit zu bleiben. Lies zwei Wochen lang aufmerksam die Zeitung und suche einen solchen Fall.**

◎ **Berichte in der Klasse darüber, was dem Beschuldigten vorgeworfen wird, wie er sich dazu verhält und wie die Öffentlichkeit (Presse, Funk, Fernsehen) kommentiert.**

[Sind] nicht alle vernunftbegabten Menschen davon überzeugt, dass die Lüge von Übel sei? Es fragt sich nur, was wir Lüge nennen. Die frühen Aufklärer [...] haben das absolute Lügeverbot [...] folgenschweren Einschränkungen unterworfen. Um eine verwerfliche Lüge handelt es sich demnach nur, wenn a) der Täuschende eine Schädigungsabsicht hegt, wenn er b) die Freiheit der Wahl hat, die Wahrheit zu sagen, und wenn c) der Getäuschte das Recht hat, die Wahrheit zu erfahren. [...] Wer nur zum Spaß die Unwahrheit sagt (etwa der Künstler) oder wer nicht frei ist, die Wahrheit zu sagen (etwa der Gefolterte), oder wer sie dem Unbefugten (etwa dem Gesetzesbrecher) verschweigt, der lügt also nicht. [...]

Politik und Lüge scheinen untrennbar. Ein Außenminister etwa, der zu jedem Zeitpunkt preisgäbe, was er denkt und weiß, wäre ein Trottel. **Wahrhaftigkeit kann im Kampf um die Macht nicht gedeihen. In der Politik aber geht und ging es immer um Macht.** Mit dem Unterschied freilich, dass die Demokratie auf dem Versprechen beruht, Macht werde auf Zeit verliehen. Wähler und Gewählte schließen als prinzipiell Freie und Gleiche einen Vertrag miteinander. Sie geben und nehmen, und diese Gegenseitigkeit funktioniert nur und ausschließlich, wenn ein jeder vom anderen annehmen darf, er halte sich an die Regeln, und zwar nicht allein aus Gründen der Moral, sondern vor allem aus denen des eigenen Interesses. Das ist der Kern des überstrapazierten Begriffes der Glaubwürdigkeit. [...] **Je mächtiger einer ist, das lehrt die Geschichte (siehe auch Stalin), desto schamloser traut**

er sich zu lügen. Der Ohnmächtige ebenso wie der auf Zeit Mächtige wissen, dass sie beim Lügen vorsichtig zu sein haben. [...] Aber müssen wir, wollen wir darüber hinaus mit der Lüge leben? Darüber nachzudenken heißt auf ihren scharfsinnigsten Kritiker zu kommen, auf Immanuel Kant. In seiner Metaphysik der Sitten konstatiert er, dass der Lügner „die Würde des Menschen in seiner eigenen Person verletzt. Die Lüge ist Wegwerfung und gleichsam Vernichtung seiner Menschenwürde." Und auf Benjamin Constants Bemerkung von 1797: „Der sittliche Grundsatz: es sei eine Pflicht, die Wahrheit zu sagen, würde, wenn man ihn unbedingt und vereinzelt nähme, jede Gesellschaft zur Unmöglichkeit machen", antwortet Kant: Die Folge der Lüge, und geschähe sie in guter Absicht, bestehe darin, „dass Aussagen überhaupt keinen Glauben finden, mithin auch alle Rechte, die auf Verträgen gegründet werden, wegfallen und ihre Kraft einbüßen; welches ein Unrecht ist, das der Menschheit überhaupt zugefügt wird. Die Lüge also bedarf nicht des Zusatzes, dass sie einem andern schaden müsse, denn sie schadet, indem sie die Rechtsquelle unbrauchbar macht."

Kant bringt dieses Grundgesetz der bürgerlichen Gesellschaft, dessen Qualität dem jüdisch-christlichen Dekalog [= 10 Gebote] entspricht, gegen die Erkenntnis in Anschlag, dass die Lüge der „eigentlich faule Fleck in der menschlichen Natur" sei. Es gibt auf diesen Gedanken keine starke Antwort, ausgenommen die schwache, dass wir ohne die Lüge nicht leben können, also mit ihr leben müssen.

Ulrich Greiner, in: Die Zeit 2000, Nr. 8

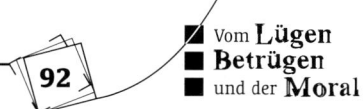

Vom **Lügen** ■ **Betrügen** ■ und der **Moral**

Umgang mit der Wahrheit

Nahezu alle nehmen es mit der Forderung unbedingter Wahrhaftigkeit und dem kategorischen Verbot der Lüge nicht ganz so genau. Die wenigen, für die diese Vermutung nicht zutreffen mag, werden häufig mit dem abschätzigen Etikett „Wahrheitsfanatiker" belegt. Mit dieser Feststellung wird die Lüge allzu leicht verharmlost. Unwahrhaftigkeit und Lüge sind aber die Quelle schwerer Schäden in den Seelen der Menschen und vergiften das Zusammenleben.

Auf den zweiten Blick zeigt sich, dass die Anforderung an die Wahrhaftigkeit komplizierte Fragen aufwirft. Eine alte Lebensweisheit empfiehlt, sich beim Umgang mit der Wahrheit an den Grundsatz zu halten: „Alles, was du sagst, muss wahr sein, aber sage nicht alles, was wahr ist." Das gilt unter Umständen für den Arzt, der am Krankenbett Auskunft geben soll. Solche Behutsamkeit im Umgang mit der Wahrheit ist auch angezeigt, wenn Vorgesetzte über Mitarbeiter urteilen; sie ist mit Sicherheit auch unentbehrlich für die Arbeit von Journalisten." So eindeutig und hilfreich diese Lebensweisheit für manche Situationen ist – in anderen Zusammenhängen kann sie der Deckmantel für Unwahrheiten und Lüge werden. Die Information über einen Sachverhalt kann durch Verschweigen wichtiger Aspekte so verkürzt werden, dass man zwar nicht direkt lügt, aber den Gesprächspartner faktisch völlig in die Irre führt. Die zitierte Lebensweisheit ist also ein hilfreicher Wegweiser in Grenzfällen, aber keine Gebrauchsanweisung für den alltäglichen Umgang mit Wahrheit und Lüge.

Andererseits kann die rigorose Forderung, stets nur die Wahrheit zu sagen, auch verheerend wirken. Wenn in der Nazizeit jemand seinen

Rat der evangelischen Kirche in Deutschland

Der Rat leitet die EKD (Evangelische Kirche Deutschlands) in allen Angelegenheiten, die nicht ausdrücklich anderen Organen vorbehalten sind. Insbesondere soll er für die Zusammenarbeit der kirchlichen Werke und Verbände in allen Bereichen sorgen, die evangelische Christenheit in der Öffentlichkeit vertreten und zu Fragen des religiösen und gesellschaftlichen Lebens Stellung nehmen.

In der Regel geschieht dies entweder durch kurzfristige, aktuelle Stellungnahmen oder in Form von Denkschriften, Studien, Diskussionsbeiträgen und Grundsatzerklärungen. Mehr Infos unter der Homepage: **www.ekd.de**

Nachbarn anzeigte, der den Londoner BBC-Sender verbotenerweise hörte oder gar einen Juden versteckt hielt, so hatte er zweifellos „die Wahrheit" gesagt. Aber für den betreffenden Nachbarn war die Wahrheit tödlich. Die Wahrheit sagen ist keine absolute Kategorie; der Umgang mit der Wahrheit ist daran zu messen, ob er Schaden oder Nutzen für den Nächsten und für das Gemeinwesen bewirkt.
— **Manfred Kock, Vorsitzender des Rates der Evangelischen Kirche in Deutschland, Frankfurter Allgemeine Sonntagszeitung vom 5.3.2000 –**
Fortsetzung s. S. 94

Alles, was du sagst, muss wahr sein, aber sage nicht alles, was wahr ist.

👁 **Im Text werden Beispiele aufgeführt, wer unter Umständen die Wahrheit verschweigen darf oder sollte und in welchen Situationen dies der Fall ist. Schreibe diese Beispiele heraus.**

👁 **Diskutiert, ob ihr derselben Auffassung seid.**

Vom **Lügen** **Betrügen** und der **Moral**

Scherz-, Schaden-, Nutzlüge

„Du sollst nicht falsch Zeugnis reden wider deinen Nächsten."

...

Erklärung zum achten Gebot „Du sollst nicht falsch Zeugnis reden wider deinen Nächsten":
Wir sollen Gott fürchten und lieben, dass wir unsern Nächsten nicht belügen, verraten, verleumden oder seinen Ruf verderben, sondern sollen ihn entschuldigen, Gutes von ihm reden und alles zum Besten kehren.
— **Martin Luther, Der kleine Katechismus**

Der Erfinder der Notlüge liebte den Frieden mehr als die Wahrheit.
— *James Joyce*

👁 **Finde je ein Beispiel für eine Scherz-, Schaden- und Nutzlüge, so wie Luther sie definiert.**

Martin Luther unterschied – ganz in der Tradition der alten Kirche – drei Arten der Lüge: Die **Scherzlüge**, also die kleinen neckenden Geschichten und Fabeln, die vor allem Kindern erzählt werden, um ihre Aufmerksamkeit zu schulen. Bei dieser Art Lüge löst sich der anfängliche Ernst rasch in Lachen auf. Die **Schadenlüge**, die erzählt wird in der Absicht zu täuschen, die unter anderem dadurch wirkt, dass die Wahrheit verschwiegen oder verdreht wird zum Nachteil des Nächsten, seines Gutes oder seiner Ehre. Die **Nutzlüge**, auch Notlüge genannt, das ist die Unwahrheit aus Liebe und Barmherzigkeit, die also dem Schutz des Nächsten oder des Gemeinwesens dient.

Das Versteck eines verfolgten Menschen nicht preiszugeben oder das eigene Leben dadurch zu retten, dass gegenüber einem verbrecherischen Regime die Beteiligung an Widerstandshandlungen geleugnet wird, sind Beispiele für „Notlügen", deren moralische Zulässigkeit nur von wenigen bestritten wurde. Bei einer allzu häufigen Berufung auf die Kategorie „Notlüge" liegt die Gefahr darin, dass man fast immer eine „Not" finden wird, um sich darauf zu berufen. An die Rechtfertigung einer Lüge müssen daher hohe Anforderun-

gen gestellt werden. „Im Grunde kann nur ein so hohes Gut wie der im Beispiel genannte Schutz fremden Lebens oder die Rettung des eigenen Lebens das Gebot der Wahrhaftigkeit und das Verbot der Lüge außer Kraft setzen". Zwei der zehn Gebote beschreiben Wahrhaftigkeit und Lüge. Im zweiten Gebot heißt es: „Du sollst den Namen des Herrn, deines Gottes nicht missbrauchen", das heißt, du sollst mit der Nennung von und der Berufung auf Gottes Namen keine unlauteren Absichten verbinden.
Das achte Gebot lautet: ***„Du sollst nicht falsch Zeugnis reden wider deinen Nächsten."*** Luther streicht den positiven Gehalt des Gebotes in seiner Erklärung heraus:. „[Wir] sollen ihn entschuldigen, Gutes von ihm reden und alles zum Besten kehren." Er erinnert daran, wie elementar dieses Gebot für die Gestaltung der Beziehung zum Nächsten und für unsere Wortwahl in der Öffentlichkeit ist. Das Einhalten des Gebots der Wahrhaftigkeit und des Verbots der Lüge ist notwendig und heilsam. Es ist nicht unbillig, wenn die Menschen zwielichtige Vorgänge in unserem Staat aufgeklärt haben wollen. Keine noch so subtile Erwägung darf dazu führen, die Lüge salonfähig zu machen.
— *Fortsetzung von Seite 93:*
Manfred Kock, Vorsitzender des Rates der Evangelischen Kirche in Deutschland, Frankfurter Allgemeine Sonntagszeitung vom 5.3.2000

© Verlag an der Ruhr ✒ Postfach 102251 ✒ 45422 Mülheim an der Ruhr ✒ www.verlagruhr.de

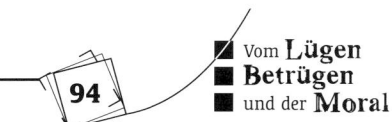

Verschweigen der Wahrheit erlaubt

Schummelopfer Nummer eins: der Nachbar

Umfrage: *Wem gegenüber ist eine Unwahrheit bzw. das Verschweigen der Wahrheit eventuell zu entschuldigen?*

Angaben in Prozent

Nachbarn	68,8
Arbeitskollegen	63,5
Finanzamt	51,6
Geschwister	46,6
Chef/Vorgesetzter	46,1
Geschäftspartner	44,1
Ehepartner	20,8

— Quelle: Apotheken-Umschau, Heft 02/2002, S. 59ff.

„Recht auf Lüge"
– Arbeitsgericht stärkt Rechte von schwangeren Frauen: Schwangerschaft darf in jedem Fall verschwiegen werden

Frauen, die bei einem Einstellungsgespräch nach einer Schwangerschaft gefragt werden, dürfen dabei grundsätzlich lügen. Das gilt selbst dann, wenn sie auf der Stelle, für die sie sich bewerben, als Schwangere gar nicht beschäftigt werden dürfen. Das entschied das Bundesarbeitsgericht (BAG) gestern in Erfurt. Das höchste deutsche Arbeitsgericht folgte damit dem Europäischen Gerichtshof (EuGH) und änderte seine bisherige Rechtsprechung. Danach musste eine Schwangerschaft bisher bei bestimmten Beschäftigungen angegeben werden, etwa bei einer möglichen gesundheitlichen Gefährdung.
Nach dem Urteil ist eine Leipzigerin in einer Wäscherei einzustellen. Dies hatte das Unternehmen mit seiner Revision vor dem BAG zu verhindern versucht. Es warf der Frau arglistige Täuschung vor, weil sie ihre Schwangerschaft verschwiegen hatte, und sah den unbefristeten Arbeitsvertrag als nichtig an. Nach Auffassung der Erfurter Richter ist das Verschweigen der Schwangerschaft nicht als arglistige Täuschung zu werten, weil die Frage nach der Schwangerschaft unzulässig ist. Sie stelle eine verbotene Diskriminierung wegen des Geschlechts dar. Dies gelte auch für den Fall, dass die Tätigkeit während der Schwangerschaft wegen eines mutterschutzrechtlichen Beschäftigungsverbotes zunächst nicht ausgeübt werden könne. Das Hindernis sei in diesen Fällen vorübergehender Natur und führe nicht zu einer dauerhaften Störung des Vertragsverhältnisses.

— **taz, 7.2.2003**

> In manchen Lebenslagen ist Schweigen schlimmer als eine Lüge.
> — **Katherine Hepburn**

👁 Unter bestimmten Umständen darf eine Frau also bei einem Einstellungsgespräch lügen. Findest du das richtig?

Projektvorschlag:
◎ **Erstellt gemeinsam eine Hitliste: Wen darf man eurer Meinung nach am ehesten anlügen? Und umgekehrt: Wen darf man auf keinen Fall anlügen? – Notiert auch eure Argumente in Stichworten auf der Liste.**

Vom **Lügen**
■ **Betrügen**
■ und der **Moral**

Tödliche Erkrankung verschweigen?

„Die Hauptqual für Iwan Iljitsch war die Lüge – jene aus irgendeinem Grunde von allen anerkannte Lüge, dass er nur krank sei, nicht aber sterbe, und dass er sich nur ruhig halten, die Kur durchführen müsse, damit alles wieder sehr gut werde. Er aber wusste: Wir konnten tun, was wir wollten, es würde doch nichts mehr herauskommen als noch qualvollere Leiden und der Tod. Ihn quälte diese Lüge; es quälte ihn, dass man nicht eingestehen wollte, was alle wussten und was auch er wusste, und dass man ihn zwingen wollte, an dieser Lüge teilzunehmen. Die Lüge, dieser an ihm am Vorabend seines Todes verübte Betrug, die Lüge, welche dieses schreckliche, feierliche Ereignis seines Todes auf das Niveau all ihrer Besuche und Gardinen sowie des Störs zum Mittagessen herabdrücken sollte ... Das war schrecklich, qualvoll für Iwan Iljitsch. Und seltsam! Er war viele Male, während sie mit ihm alle diese törichten Dinge anstellten, um ein Haar nahe daran, sie anzuschreien: So hört doch auf zu lügen, Ihr wisst es, und ich weiß es, dass ich sterbe. So hört doch wenigstens auf zu lügen! Aber er hatte nie den Mut, dies zu tun.“

— aus: Leo Tolstoi: Der Tod des Iwan Iljitsch

👁 **Bei der Aufklärung des Patienten durch den Arzt kann, so zitiert der Autor, „das Gebot der Wahrhaftigkeit in Konkurrenz mit dem Gebot der Liebe" treten. Was bedeutet das?**

👁 **Was sollte ein Arzt bei der Aufklärung eines todkranken Patienten deiner Meinung nach berücksichtigen?**

👁 **Überlege dir, auf welche Art und Weise man jemandem sagen kann, dass er an seiner Krankheit sterben wird. Welche Rolle spielt dabei die genaue Wortwahl, die Umgebung, die Tageszeit und die Person desjenigen, der es sagt?**

Die Begegnung zwischen dem Arzt und dem Sterbenden schließt immer auch die „Stunde der Wahrheit" ein. Sie ist nicht immer identisch mit der Stunde der Aufklärung. Es kann auch jener Zeitpunkt sein, wo der Patient, ohne es direkt in Worte zu kleiden, von seinem Arzt wissen will, wie es um ihn steht, und der Arzt ihm eine Antwort geben muss, die ebenfalls nicht unbedingt nur in Worte gekleidet ist.

Nach einer Befragung des Mainzer Rechtsinstituts bei niedergelassenen Ärzten (1973) klären 89,4 % ihre Patienten bei leichten Befunden unaufgefordert auf. Eine Aufklärung bei unheilbar progredienten Krankheiten erfolgt nur in 11,2 % und bei bösartigen Tumoren nur in 8,9 %. Der Ehepartner hingegen wird bei unheilbaren Erkrankungen in 96,8 % vom Arzt aufgeklärt. Untersuchungen von HINTON (1976) haben ergeben, dass rund 75 % aller Patienten „wissen", dass sie todkrank sind. Daraus resultiert jener ebenso unerträgliche wie unwürdige Zustand, den Leo Tolstoi im „Der Tod des Iwan Iljitsch" so treffend beschreibt.

Wie viele Menschen *wirklich wissen wollen*, dass sie unheilbar krank sind, lässt sich allenfalls statistisch erfassen, d.h. es muss in der konkreten Situation des Einzelnen immer wieder neu herausgefunden werden.

Eine vor kurzem abgeschlossene Studie der Hamburg-Mannheimer-Stiftung für Informationsmedizin ergab, dass 59 % aller Befragten einer repräsentativen Umfrage vom Arzt die volle Wahrheit auch dann erwarten, wenn sie an einer „unheilbaren" oder „tödlichen" Krankheit leiden. 14 % der Befragten sprachen sich klar dagegen aus, die ganze Wahrheit zu erfahren. Die Bereitschaft, die volle Wahrheit zu erfahren, war bei Männern größer als bei Frauen, ebenso bei jüngeren Menschen und solchen mit höherer Vorbildung. [...] Die klassische Fragestellung: „Die Wahrheit sagen – Ja oder Nein?" ist bereits im Ansatz falsch gestellt und kann in dieser alternativen Form nicht befriedigend beantwortet werden. Wer die Frage mit „Nein" beantwortet, verkennt, dass der Patient häufig schon weiß, meistens jedoch ahnt, wie es um ihn steht. Diese Ahnung oder diese Art „Vorwissen" kann viele Wurzeln haben: die breite Aufklärung durch die Medien, Todesfälle an Krebs in der eigenen Umgebung, das Verhalten des Arztes und des Pflegepersonals, die empfohlenen oder bereits in Angriff genommenen Therapiemaßnahmen. Die Tendenz, die Frage nach der Wahrheit mit Nein zu beantworten, entspringt meist der eigenen Angst des Arztes und weniger der Vorstellung, dass hier „... das Gebot der Wahrhaftigkeit in Konkurrenz mit dem Gebot der Liebe..." tritt [...]. Das Nein des Arztes aber versetzt den ahnenden oder bereits wissenden Patienten genau in die Situation des Iwan Iljitsch.

— Linus Geisler: Arzt und Patient – Begegnung im Gespräch, Wirklichkeit und Wege, Frankfurt am Main 2002, *www.linus-geisler.de/ap/ ap34_todkrank.html)*

© Verlag an der Ruhr ❦ Postfach 102251 ❦ 45422 Mülheim an der Ruhr ❦ www.verlagruhr.de

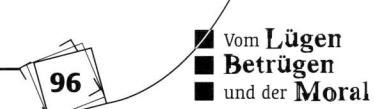

Vom **Lügen**
Betrügen
und der **Moral**

Unheilbar an Krebs erkrankt

Vor fünf Jahren wurde Frau M., 46 Jahre alt, wegen einer Krebserkrankung die linke Brust abgenommen; außerdem erhielt sie eine Strahlentherapie. Als plötzlich Rückenschmerzen und eine Gehbehinderung auftreten, werden Tochtergeschwülste in der Wirbelsäule festgestellt. Frau M. stimmt einer Chemotherapie zu, obwohl ihr die Begleiterscheinungen wie Übelkeit, Erbrechen, Leistungsverlust und Haarausfall bekannt sind. Diese Behandlung könnte die Schmerzen vorübergehend lindern, aber nicht den Knochenkrebs heilen. Frau M. kann nach einiger Zeit das Bett nicht mehr verlassen, da der Knochenkrebs sich trotz der Behandlung weiter ausbreitet. Sie stirbt nach sechs Monaten im Krankenhaus und nicht, wie sie gewünscht hätte, zu Hause. Ohne die chemotherapeutische Behandlung wäre sie vermutlich eher verstorben.

ISfP Einblicke - Die Wahrheit am Krankenbett - Microsoft Internet Explorer

Datei Bearbeiten Ansicht Favoriten Extras ?

Adresse http://www.pflegenet.com/einblicke/wahrheitamkrankenbett.ht Wechseln zu Links

einblicke Internet Server für Pflege

Die Wahrheit am Krankenbett

von Harald Zagar

Inhalt

1. Einleitung
2. Eine Umfrage
3. Nach 40jähriger Erfahrung
4. Gespräche und deren 'Folgen'
5. Soll man dem Patienten die Wahrheit sagen?
6. Der Zeitpunkt
7. Die Trauer und die Angst
8. Entfremdung und Einsamkeit
9. Faktor Religion
10. Die Wahrheit und das totkranke Kind
11. Schlussfolgerungen
12. Literatur
13. Kontakt zum Autor

Projektvorschlag:

◎ *Versucht herauszufinden, wie die übliche Vorgehensweise bei todkranken Patienten ist: Wer teilt ihnen mit, dass sie sterben werden? Wann geschieht das? Wie wird es ihnen gesagt? Worauf wird dabei geachtet? Wird dem Patienten immer die ganze Wahrheit gesagt?* Ihr könnt versuchen, Auskünfte darüber im Altersheim, im Krankenhaus oder bei ambulanten Pflegediensten zu bekommen. Seid besonders vorsichtig und taktvoll bei einer solchen Umfrage – selbstverständlich dürft ihr das Personal nicht bei der Arbeit mit solchen Fragen überfallen. Erkundigt euch telefonisch, ob es jemanden gibt, der sich für ein kurzes und gut vorbereitetes Interview zur Verfügung stellt. Eine Beschreibung des Projekts mit einer Zusammenfassung der Interviews eignet sich vielleicht auch als Artikel für eine Lokalzeitung.

„Gleichgültig, wie angestrengt er [der Patient] auch in Ihr Gesicht starren mag, es sollte ihm jedoch nie möglich sein, sein Schicksal darin zu lesen. Ihr Gesicht sollte heiter sein, solange Hoffnung besteht, und gelassen in seinem Ernst, wenn nur noch Resignation übrigbleibt. Das Gesicht eines Arztes sollte wie das eines Diplomaten unergründlich sein. Die Natur ist eine wohltätige, alte Heuchlerin; sie täuscht die Kranken und die Sterbenden mit Illusionen, die besser sind als jedes schmerzstillende Mittel. Wenn es zwingende Gründe gibt, einen Patienten über seinen Zustand, aufzuklären, dann tun Sie das sorgsam und mit Überlegung, aber enthüllen Sie Ihre Befürchtungen nicht durch Ihre verräterischen Gesichtszüge..." [...] „Es ist etwas Furchtbares, einem Mitmenschen die Hoffnung zu nehmen, selbst wenn es nur eine irdische Hoffnung ist."
— aus der Abschiedsrede des Arztes Oliver Wendell Holmes im Jahre 1871 vor den Absolventen des Bellevue Hospital College, zit. in: Harald Zagar, Die Wahrheit am Krankenbett. **www.pflegenet.com/einblicke/wahrheitamkrankenbett.html**

© Verlag an der Ruhr ✆ Postfach 102251 ✆ 45422 Mülheim an der Ruhr ✆ www.verlagruhr.de

Vom **Lügen**
Betrügen
und der **Moral**

Mit besten Absichten lügen?

Immanuel Kant
— 1724–1804 —

Im 18. Jahrhundert hat der deutsche Philosoph Immanuel Kant sich mit dem Franzosen Benjamin Constant darüber auseinander gesetzt, ob es Situationen gebe, in denen man nicht bei der Wahrheit bleiben müsse, weil der Gegenüber sie nicht verdiene. Der Streit zwischen den beiden verlief in philosophischen Büchern und Zeitschriften; sie haben sich nie gesehen. Hätten sie sich getroffen, hätte die Auseinandersetzung vielleicht so verlaufen können:

Kant: Bei der Wahrheit müssen wir auf jeden Fall und unbedingt bleiben. Andernfalls wäre jede Grundlage für Gespräche unter Menschen zerstört. Wenn es die Möglichkeit gibt, unter bestimmten Bedingungen lügen zu dürfen, kann ich nie wissen, ob diese Bedingung nicht gerade jetzt vorliegt, bei dem, was mir von meinem Gesprächspartner gesagt wird. Dieser Gedanke passt nicht zu dem, was wir uns unter einem Gespräch vorstellen. Es kann nicht je nach der Situation einmal das Lügen erlaubt sein und einmal nicht!

Constant: Bedenken Sie folgende schreckliche Situation: Ein Mensch flüchtet sich zu Ihnen ins Haus, weil er von einem Verbrecher verfolgt wird. Sie zeigen ihm einen Fluchtweg in ein Versteck. Der Verbrecher (er ist bewaffnet, überwältigen können Sie ihn nicht) hat das Opfer zu Ihnen hineinrennen sehen, brüllt Sie an und verlangt, dass Sie den weiteren Fluchtweg verraten.
Sie können doch nicht allen Ernstes behaupten, dieser Verbrecher habe ein Recht auf Ihre wahre Auskunft. Damit liefern Sie das Opfer dem Täter doch geradezu ans Messer. Schon **aus Menschenliebe müssen Sie in diesem Fall doch lügen!**

Kant: Sie haben völlig Recht: Es ist nicht der verbrecherische Täter, der die wahre Auskunft beanspruchen kann – ich selbst bin aber der Wahrhaftigkeit selbst gegenüber in der Pflicht. **Wenn ich keine Möglichkeit habe, die Aussage ganz zu verweigern, muss ich bei der Wahrheit bleiben.**
Ihr Gedanke, dass wir nur unter bestimmten Bedingungen der Wahrheit verpflichtet seien (etwa wenn die Folgen wünschenswert sind), widerspricht der Idee, dass sich die Wahrheit nicht an Bedingungen knüpfen lässt.

Constant: Sie wollen im Ernst den Täter das Opfer ermorden lassen – bloß wegen Ihres Wahrheitsfanatismus?!

Kant: Natürlich nicht! Wir müssen zur Rettung alles tun, was wir können und was in dieser Situation erlaubt ist. Aber **eine Lüge im Vertrauen darauf, dass sie dem Opfer nützt, ist nicht nur unmoralisch, sondern vielleicht sogar das falsche Mittel.** Stellen Sie sich doch nur vor, ich sage dem Verbrecher in bester Absicht, sein Opfer sei gerade um die Ecke gelaufen. Vielleicht hat das Opfer tatsächlich ohne mein Wissen sein Versteck wieder verlassen, hat genau diesen Weg genommen und kann gerade durch meine gut gemeinte Falschauskunft seinem Mörder nicht entkommen. Sein Tod wäre doch eine direkte Folge meiner Auskunft!
Natürlich sind die Folgen unseres Handelns immer ungewiss: Aus den besten Absichten kann Unglück erwachsen; auch böse Absichten können zufällig erfreuliche Folgen haben – das haben wir nicht im Griff. Wir können auch nicht immer jedes Unrecht verhindern.
Was wir aber können, ist in unserem eigenen Handeln sittlich bleiben, und das heißt für unser Beispiel: **Wenn wir etwas sagen, dann muss es wahr sein – unter welchen Bedingungen und wem gegenüber auch immer!**

👁 **Schau dir Kants Argumentation genau an. Sagt er ausdrücklich, dass man einem verbrecherischen Menschen immer und unbedingt die Wahrheit sagen muss?**

👁 **Wer hat Recht? Greife selbst in die Diskussion ein, indem du dir bei jeder einzelnen Aussage überlegst, ob du damit übereinstimmst oder nicht.**

(Hinweis: *Kants Aussagen in diesem fiktiven Streitgespräch basieren auf seinen Thesen, die du auch auf Seite 26 findest.)*

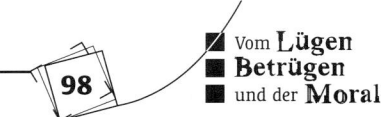

© Verlag an der Ruhr ✒ Postfach 102251 ✒ 45422 Mülheim an der Ruhr ✒ www.verlagruhr.de

Informationen als Waffe

[...] Am 21. Januar [2003] richtete Präsident George W. Bush per Dekret das „Office of Global Communications" (OGC) ein, das mit der Aufgabe betraut ist, die „Interessen der Vereinigten Staaten im Ausland zu fördern, Missverständnissen vorzubeugen und Unterstützung für und innerhalb der Verbündeten aufzubauen sowie ein internationales Publikum zu informieren".

Das neue Büro betreibt nicht nur **Imagepflege**, sondern koordiniert die gesamte Pressearbeit der Regierung und **füttert die Öffentlichkeit mit Themen wie „Saddams Desinformation und Propaganda" oder Wiederaufbau in Afghanistan.**

Das direkt im Weißen Haus angesiedelte Büro soll außerdem in Zusammenarbeit mit dem Außenministerium die Beziehungen zu Nachrichtensendern in der arabischen Welt verbessern und gemeinsam mit Außen- und Verteidigungsministerium „Anschuldigungen und Gerüchten" im „Krieg gegen Terror" entgegentreten.

Seit Jahren arbeiten Militärplaner daran, die Informationspolitik zu einem Teil der Kriegsführung zu machen. 1996 bekam die Army ein „Field Manual" zu so genannten Informationsoperationen. 1998 wurde eine Doktrin für alle Teilstreitkräfte erlassen, die „Joint Doctrine for Information Operations". Darin wird die **Beeinflussung der Medien als Teil der Kriegsführung beschrieben, die schon vor dem eigentlichen Krieg zu beginnen habe und auch noch nach Einstellung der Kampfhandlungen andauern solle.**

Am 4. Januar 2002 wurde eine Doktrin für die Air Force erlassen, in der „Public Affairs (PA) Operations" als Teil von **offensiven Gegeninformationsoperationen** aufgeführt werden, die

„zu globaler Beeinflussung und Abschreckung" beitragen könnten, „indem sie ausländischen Führern die US-Fähigkeiten bewusst machen und indem sie feindlicher Propaganda mit der Wahrheit entgegenwirken".

Welche Folgen solche Militärrichtlinien haben, machte der Militärexperte William Arkin am 24. November 2002 in der Los Angeles Times deutlich. **„Die neue Politik der Administration und die Schritte, die die Kommandierenden unternehmen, um diese zu implementieren, verwischen zunehmend – oder tilgen sogar ganz – die Grenzen zwischen sachlicher Information und Nachrichten einerseits und Public Relations, Propaganda und psychologischer Kriegsführung andererseits",** kritisierte Arkin. „Während die Politik angeblich auf äußere Feinde abzielt, ist ihr wahrscheinlichstes Opfer die amerikanische Wählerschaft."

Nicht nur die eigene Wählerschaft, auch die Verbündeten sind mittlerweile ins Visier der Militärs gerückt. Wie die New York Times am 16. Dezember 2002 berichtete, überlegt das Pentagon, **verdeckte Propagandaoperationen** in befreundeten und neutralen Ländern durchzuführen. Deutschland und Pakistan werden genannt. Im Verteidigungsministerium hat das Vorhaben laut New York Times allerdings zu Meinungsverschiedenheiten geführt. Demnach sind nicht alle Pentagon-Mitarbeiter, egal ob Zivilisten oder Militärs, angetan von der **Idee, dass das Militär Journalisten bezahlt, um US-freundliche Texte zu schreiben, oder dass private Firmen Demonstrationen für die USA organisiert. [...]**

— Dirk Eckert in der taz vom 17.3.2003

- Stelle zusammen, welche Methoden der Einflussnahme auf die öffentliche Meinung im Text genannt werden. Aus welchen Gründen sollen bestimmte Informationen verbreitet werden?

- Diskutiert die Idee, „feindlicher Propaganda mit der Wahrheit entgegenzuwirken". Glaubt ihr, das sei in einer Kriegssituation tatsächlich möglich?

- Manche meinen, wenn die US-amerikanische Regierung nicht strikt bei der Wahrheit bliebe, schade das letztendlich den Amerikanern selbst. Wie stehst du zu dieser Vermutung?

- Bekannt ist, dass undemokratische und diktatorische Staatsführungen immer wieder lügen, um ihr eigenes Volk oder den Rest der Welt über ihre Absichten zu täuschen. Wie ist das bei demokratischen Regierungen, wenn sie legitime Absichten verfolgen? Kann ein erstrebenswertes Ziel die Lüge rechtfertigen?

© Verlag an der Ruhr ❧ Postfach 102251 ❧ 45422 Mülheim an der Ruhr ❧ www.verlagruhr.de

Vom **Lügen**
■ **Betrügen**
■ und der **Moral**

Lügen im Krieg
– Propaganda

Unter **Propaganda** im allgemeinen Sinn versteht man Information, die zu einem ganz bestimmten Zweck verbreitet wird. Die Information kann richtig oder falsch sein. Wenn sie richtig ist, ist sie oft einseitig und unvollständig. Beispiele dafür sind zum Beispiel Selbstdarstellungen von Unternehmen, Werbung für Produkte und oft auch schöngefärbte nationale Geschichte.

Im engeren, aber gebräuchlicheren Sinn steht Propaganda für absichtlich falsche oder irreführende Informationen, die einem politischen Zweck dient oder dem Interesse der Machterhaltung. Propagandisten versuchen, die Sichtweise von Menschen zu einem bestimmten Thema so zu verändern, dass es den Zielen der Propagandisten hilfreich ist. **In diesem Sinn ist Propaganda eng mit Zensur verbunden, durch die unerwünschte Information den Menschen vorenthalten wird.** Was Propaganda von anderen Formen des Eintretens für eine Sache unterscheidet, ist das Prinzip der **Täuschung von Menschen anstelle von Überzeugung.**

In einem noch engeren, weniger gebräuchlichen aber legitimen Sinn steht der Begriff Propaganda für ständige beruhigende Versicherungen, die mögliche Zweifel an einer bereits vorhandenen Überzeugung zerstreuen sollen. Zweifel sind in der Regel unangenehm, und so sind zweifelnde Menschen sehr empfänglich für diese Art von Propaganda und sie wird auch gezielt an diese Menschen gerichtet.

Das Wort Propaganda kommt aus dem Lateinischen (von „propagare" – verbreiten) und fand Eingang in die Sprache durch den Namen einer Abteilung des Vatikans, die die Missionierung und Verbreitung des Christentums vorantrieb, „sacra congregatio christiano nomini propagando" oder kurz „propaganda fide", Verbreitung des Glaubens.

Techniken der Propagandaverbreitung

Gebräuchliche Methoden, um Propaganda auszustreuen, sind Nachrichten, Regierungserklärungen, Umschreibungen der Geschichte oder Pseudowissenschaften. Durch die modernen Massenmedien kann die Propaganda schnell unters Volk gebracht werden. Adolf Hitlers Propagandaminister Joseph Goebbels galt als Meister auf seinem Gebiet.

— aus Wikipedia, der freien Enzyklopädie

👁 **Überlegt gemeinsam, was man tun kann, um sich gegen Propaganda zu wehren, bzw. um nicht darauf hereinzufallen.**

👁 **Macht eine Liste der wichtigsten Maßnahmen zum Schutz vor Propaganda und Manipulation.**

👁 **Wie viele dieser Maßnahmen befolgt ihr selbst tatsächlich in eurem Alltag?**

Techniken zur Erzeugung von Propaganda

* Unterstützung durch Prominente
* Aufrufe, sich der Mehrheit anzuschließen, weil die zu den Gewinnern gehören wird („Jeder macht mit", „Der Sieg ist nah")
* Pathetische Appelle an Vaterland, Freiheit, Frieden, Ehre, Ruhm usw. und Verbindung von Personen oder Themen mit solchen positiv besetzten Wörtern
* Starke Vereinfachungen von komplexen Themen
* Vage Aussagen
* Schuldzuweisungen, Diskreditierung von Gegnern, Präsentation von Sündenböcken
* Die Behauptung, es sei der Wille des „einfachen Mannes auf der Straße"
* Erzeugung von Vorurteilen
* Ständige Wiederholung von einfachen Slogans

© Verlag an der Ruhr ✎ Postfach 102251 ✎ 45422 Mülheim an der Ruhr ✎ www.verlagruhr.de

Vom **Lügen** **Betrügen** und der **Moral**

Lügen im Krieg

– Kriegsberichterstattung

Lügen für den Sieg

[...] Die Manipulation der Kriegsberichterstattung ist so alt wie der Beruf des Kriegsreporters. Der erste unabhängige Journalist, der auf eigene Faust an die Front ging, war im Jahre 1854 der Brite William Howard Russell. Er berichtete während des Krim-Krieges für die „Times" vom Leiden und Sterben der Soldaten und löste damit an der Heimatfront öffentliche Empörung aus. Russel wurde des Hochverrats verdächtigt. Am 20. Februar 1855 schickte Prinz Albert dann den Fotografen Robert Fenton samt mobiler Dunkelkammer auf die Krim. „No dead Bodies", lautete seine Anweisung, nur die positiven Seiten des Krieges sollte er abbilden. Auch Napoleon habe seine Siege nicht nur dem militärischen Können zu verdanken, sondern vor allem der Begeisterung des Volkes, meinte der Militärstratege Carl von Clausewitz in seinem Buch „Vom Kriege". Spätestens seit Vietnam wissen auch die US-Militärs, dass der Krieg zwar an der Front geführt, aber auch in der Heimat entschieden wird. Die Säulen der US-Invasion gerieten ins Wanken, als 1972 jenes Foto eines weinenden nackten Mädchens erschien, das nur knapp eine fehlgeschlagene Napalm-Bombe der Amerikaner überlebt hatte. Erst dadurch wurde die Schere zwischen den militärischen Kommuniques und der mörderischen Wirklichkeit offenkundig.

Als US-Truppen 1983 die Karibik-Insel Grenada besetzten, sperrten sie die Journalisten kurzerhand aus. Wer heimlich vom Ort des Geschehens berichtete, wurde in Handschellen abgeführt. Eine Schlichtungskommission der US-Regierung empfahl ein Jahr später das so genannte Pool-System. Dabei verpflichten sich die Militärs, einige wenige Journalisten an die Front zu bringen. Die Auserwählten müssen ihre Berichte vor Veröffentlichung einer „Sicherheitsüberprüfung" vorlegen und dann die anderen Reporter informieren. Somit ist zumindest bei Amerikas Kriegen amtlich sichergestellt, dass die zugelassenen Medien zu Multiplikatoren der Kriegspropaganda verkommen. [...]

— **Christoph Schuldt in SPIEGEL ONLINE, 10. Oktober 2001, www.spiegel.de/politik/deutschland/ 0,1518,161529,00.html**

Fortsetzung auf S. 102

> Es wird nie mehr gelogen als vor der Wahl, während des Krieges und nach der Jagd.
> — **Bismarck**

> Im Krieg ist die Wahrheit so kostbar, dass sie immer von einer Leibwache Lügen umgeben sein sollte.
> — **Churchill**

> In Kriegszeiten ist das Versäumnis zu lügen eine Nachlässigkeit, das Bezweifeln einer Lüge ein Vergehen und die Erklärung der Wahrheit ein Verbrechen.
> — **Arthur Ponsonby**

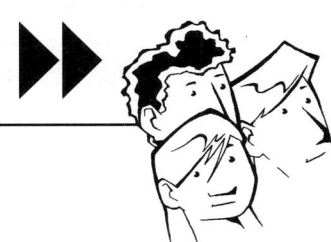

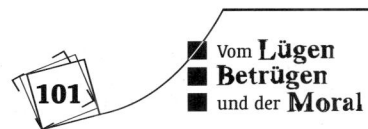

Vom **Lügen** **Betrügen** und der **Moral**

Lügen im Krieg

— Fortsetzung — Kriegsberichterstattung

Die US-Militärs probierten das Pool-System erstmals im Dezember 1989 aus, als US-Truppen in Panama einmarschierten, um General Manuel Noriega aus dem Amt zu jagen. Sie ließen die Pool-Reporter zwar ins Land, nicht aber an die Front. So konnten sie entweder gar nicht schreiben oder nur das, was die Presseoffiziere ihnen berichteten. Die meisten entschieden sich für das Letztere. Mit Leichtigkeit lancierten die Militärpropagandisten daraufhin erfundene Geschichten über den angeblichen Drogen- und Hurenkönig Noriega. [...]

Zur Perfektion brachten es die Sprecher der US-Armee im Golfkrieg gegen den Irak. Eine Armada aus 150 Pressesoldaten und etlichen gekauften Lobbyisten hielten erfolgreich die Fiktion von einem sauberen, unblutigen Krieg aufrecht. Captain Ron Wildermuth, PR-Chef von General Norman Schwarzkopf, befahl seinen Presseoffizieren vor Beginn des Krieges: „Die Vertreter der Medien sind ständig zu eskortieren. Wiederhole: ständig." Nicht nur wurde ein Teil der Wirklichkeit ausgespart, sondern auch erfunden. Die PR-Agentur Hill & Knowlton lancierte einen Film mit der 15-jährigen Najirah al-Sabah, der Tochter des ku-

---

George W. Bush

Seine Ansprache an die Nation zum Irak-Krieg (20.3.2003 in Washington, DC) schloss der amerikanische Präsident George W. Bush mit den Worten: *„Möge Gott unser Land und all jene, die es verteidigen, segnen."*
— amerika dienst (U.S. Embassy in Berlin), 20.3.2003

---

waitischen Botschafters in den USA. Das Mädchen gab unter Tränen vor, sie habe gesehen, wie irakische Soldaten neugeborene Babys aus ihren Brutkästen gerissen und auf dem kalten Boden hätten sterben lassen. Hill & Knowlton sorgte dafür, dass dieser Film von 700 Fernsehstationen gezeigt wurde. Allein am 10. Oktober sahen ihn 53 Millionen Amerikaner. Augenzeugen widerlegten nach dem Krieg die frei erfundene Geschichte. „Wir wussten damals nicht, dass es nicht wahr war", rechtfertigte sich später US-General Brent Scowcroft, heute Politlobbyist. „Aber ich glaube, das war am Ende auch nicht so wichtig." Die Baby-Story war immerhin so wichtig, dass Präsident George Bush sie in fünf Reden erwähnte, wie auch sieben Senatoren zur Rechtfertigung einer Pro-Kriegs-Resolution.

Beschämt stellte die britische Journalisten Maggie O'Kane nach dem Krieg im „Guardian" fest: „Wir haben einen lausigen Job gemacht: mit dem Krieg, der

---

Saddam Hussein

Seine Fernsehansprache zum Irak-Krieg (04.4.2003) begann der irakische Staatspräsident Saddam Hussein mit den Worten: *„Im Namen Gottes, des Barmherzigen, des Gnädigen. ‚Und bekämpfe sie, bis es keinen Aufruhr mehr gibt.'"*
— BBC monitoring, BBC news, 5.4.2003

Wahrheit und dem Blut. Wir, die Medien, wurden wie 2000 Strandesel eingespannt und durch den Sand geleitet, um zu sehen, was das britische und amerikanische Militär uns sehen lassen wollte in diesem schönen sauberen Krieg."

Nur durch den Wagemut einiger weniger Journalisten kamen Bruchstücke der Wahrheit ans Licht der Öffentlichkeit. So zum Beispiel die 314 Menschen, die zwei US-Bomben in einem Bagdader Bunker zerschmorten. Oder der Angriff gegen die bereits abziehenden irakischen Truppen auf die Straße nach Basra, wo Tausende Soldaten umkamen, obwohl sie längst auf der Flucht waren und keine Gegenwehr leisteten. Friedensforscher wie der Norweger Johan Galtung kritisieren daher seit langem, dass Reporter wie Fallschirmspringer in einen Krieg springen und die Region wieder verlassen, sobald die heiße Phase vorbei ist. Kaum einer blieb nach dem Golfkrieg im Irak, um nach dem Abzug der US-Militärs das wahre Ausmaß der Kriegsfolgen zu beschreiben. [...]

— *Fortsetzung von S. 101:* Christoph Schuldt in SPIEGEL ONLINE, 10. Oktober 2001, www.spiegel.de/politik/deutschland/0,1518,161529,00.html

© Verlag an der Ruhr ◆ Postfach 102251 ◆ 45422 Mülheim an der Ruhr ◆ www.verlagruhr.de

Vom **Lügen**
Betrügen
und der **Moral**

Lügen im Krieg

– Medien und Militär

Alltag der Journalisten im Vorfeld des Irak-Krieges 2003:

[...] Als Preis, beim Beginn des Krieges möglichst mit den ersten Einheiten der „Marines" die Grenze von Kuwait in den Irak überschreiten zu können, mussten drei Wochen Langeweile gezahlt werden. Wenn aber Hunderte Journalisten über mehrere Wochen mit Soldaten in der Wüste im Norden Kuwaits sitzen, müssen sie schreiben, berichten, senden – über Soldaten in der Wüste im Norden Kuwaits. Andere berichten über den Alltag eines Maschinisten auf einem Flugzeugträger im Golf. Oder über das Treiben auf einem Militärflughafen. Das hat in den amerikanischen Medien zu einer Flut von „human touch stories" geführt – über den blutjungen Soldaten A aus dem Ort B bis zur erfahrenen Hubschrauberpilotin Y vom Stützpunkt Z. Fast immer sind die befragten, fotografierten, abgefilmten Soldaten ihrer Sache gewiss, zeigen sich bestens vorbereitet und in jüngster Zeit zunehmend ungeduldig. Nur ganz selten ist von Angst, gar vom möglichen Sterben die Rede. Nach der ersten Hälfte des Experiments kann das Pentagon mit den Ergebnissen seiner Politik der neuen Offenheit also sehr zufrieden sein: Armee und Volk sind sich noch näher gekommen.

Das illustriert aber nur den Sachverhalt, dass es einen grundlegenden Interessenkonflikt zwischen Militär und Medien gibt. Und die Nagelprobe, wer seine Interessen besser durchsetzen kann, erfolgt nach Kriegsbeginn. Das Pentagon und die Regierung können nicht wollen, dass die Zustimmung in der Bevölkerung zu dem Krieg bei den ersten live im Fernsehen übertragenen Fehlschlägen einbricht. Die an objektiver Berichterstattung interessierten Medien können nicht wollen, dass geschönte Erfolgsgeschichten das Bild bestimmen.

Zumal die elektronischen Medien seit dem letzten Golfkrieg von 1991 einen Quantensprung in der technischen Entwicklung erlebt haben: Sie können mit immer kleineren Kameras und Übertragungsanlagen oder über satellitengestützte Videophone von praktisch überallher berichten. Und der Sender CNN, der mit Hunderten Mitarbeitern, zusätzlichen Übertragungswagen, einem eigenen Nachtragsbudget von dreißig Millionen Dollar und natürlich auch „eingebetteten" Journalisten seinen Führungsanspruch unter den Nachrichtenkanälen verteidigen will, hat versprochen, auch die „hässliche Seite" des Krieges zu zeigen – mithin Tote und Verwundete auf beiden Seiten.

Eine Militärzensur der Berichte soll es nicht geben, nur dürfen Informationen, welche die Sicherheit der Truppen und den Erfolg einer militärischen Operation gefährden könnten, nicht mitgeteilt werden. Aufnahmen von toten amerikanischen Soldaten sind gestattet, sofern das Gesicht des Getöteten sowie dessen Erkennungsmarke nicht gezeigt werden. [...]

— Matthias Rüb in der FAZ vom 20.3.2003

👁 Erkläre den im Artikel beschriebenen Interessenkonflikt bei der Kriegsberichterstattung in eigenen Worten.

👁 Aus welchen Gründen ist die Arbeit der Journalisten wichtig? Für wen?

👁 Welche Möglichkeiten gibt es, sich trotz der Schwierigkeiten ein umfassendes und möglichst wahrheitsgetreues Bild der Wirklichkeit zu verschaffen?

Projektvorschlag:

◎ Überlegt in Kleingruppen, was ihr von Reportern im Krieg erwartet. Welche Arbeitsmöglichkeiten sollten sie haben, was sollte ihnen verwehrt bleiben? Wie möchtet ihr als TV-Beobachter, als Zeitungsleser von ihnen unterrichtet werden?

◎ Formuliert als Ergebnis eurer Überlegungen einen Verhaltenskodex: *„Gebote für Journalisten im Krieg"* und stellt sie den anderen Gruppen vor.

Vom **Lügen** **Betrügen** und der **Moral**

Lüg um dein Leben!

Mit dem Rücken zum hinteren Tor der Baracke stand an beiden Seiten des „Kamins", der sich der Länge nach durch die Baracke zog, je ein SS-Mann. Vor jedem eine Schlange nackter Frauen. Der, dem ich mich stellte, hatte ein rundes, böses Maskengesicht. Er war groß, ich musste zu ihm hoch aufschauen. Ich sagte mein Alter, er wies mich ab, mit einem Kopfschütteln, einfach so. Neben ihm stand eine Schreiberin, die sollte meine Nummer nicht aufschreiben. Abgelehnt. [...] Meine Mutter war für den Transport gewählt worden, sie war ja das richtige Alter, eine erwachsene Frau. Ihre Nummer war aufgeschrieben worden, sie würde das Lager in Kürze verlassen. Wir standen auf der Lagerstraße und diskutierten. Sie versuchte mich zu überreden, dass ich es nochmals, in der anderen Schlange, versuchen sollte. Im Juni 1944 war es sehr heiß, die Barackentüren, auch die hinteren, standen daher offen. Zwar war dieser hintere Eingang bewacht, aber die Wache bestand aus Häftlingen, und meine Mutter meinte, ich könne mich da wohl vorbeischlängeln und diesmal zu dem anderen SS-Mann gehen. Und diesmal bitte nicht so blöd sein zu sagen, ich sei erst zwölf. Es kam zu einem Streit zwischen ihr und mir. „Aber ich seh doch nicht älter aus", sagte ich verzweifelt. [...] Der Unterschied zwischen Zwölf und Fünfzehn ist riesig für eine Zwölfjährige. Es war ein ganzes Viertel des gelebten Lebens, das ich dazuaddieren sollte. [...] Die Lüge, die mir meine Mutter vorschlug, war so leicht zu entlarven: drei Jahre, wo sollte ich die hernehmen? [...]
„Feig bist du", sagte sie verächtlich, „ich war nie so feig." „Also gut, ich versuch's. Aber fünfzehn sag ich auf keinen Fall, höchstens dreizehn. Und

wenn's daneben geht, ist es deine Schuld."
Zwischen den Baracken war ein Kordon, um genau das zu verhindern, was ich versuchen wollte. Wir standen und sahen aufmerksam hin. „Jetzt!", als die zwei Männer, die hier verantwortlich waren, einander gerade etwas zuriefen. Und ich sehe mich gebückt an der Barackenwand entlanglaufen. Warum gebückt? Um mich kleiner zu machen, um das bisschen Schatten auszunützen? Dann um die Ecke und von hinten unbemerkt, oder zumindest ohne verraten zu werden, eintreten.
Die Baracke war noch immer voller Menschen. [...]. Die selektierenden SS-Männer und ihre Gehilfen standen mit dem Rücken zu mir. Ich ging schnell und unauffällig auf die vordere Tür zu, zog mich dort nochmals wie vorgeschrieben aus und stellte mich aufatmend in die Reihe des anderen SS-Manns. Ich hatte es geschafft und freute mich, gegen die Regeln verstoßen zu haben. Feig nennen konnte mich meine Mutter nicht mehr, aber ich war die kleinste und offensichtlich die jüngste in der Reihe, ein Kind, unentwickelt, unterernährt, ganz vorpubertär. [...] Neben dem amtierenden SS-Mann, der sitzend, locker und gut gelaunt, gelegentlich eines der nackten jungen Mädchen Turnübungen vorführen ließ, vermutlich um der langweili-

gen Beschäftigung etwas Vergnügen abzugewinnen, stand die Schreiberin, ein Häftling. Wie alt mag sie gewesen sein, neunzehn, zwanzig? Die sah mich in der Reihe stehen, als ich schon praktisch vorne war. Da verließ sie ihren Posten, und fast in Hörweite des SS-Mannes ging sie schnell auf mich zu und fragte halblaut, mit einem unvergesslichen Lächeln ihrer unregelmäßigen Zähne: „Wie alt bist du?"
„Dreizehn."
Und sie, mich nachdrücklich mit den Augen fixierend, ganz eindringlich: „Sag, dass du fünfzehn bist."
Zwei Minuten später war ich dran, schielte noch schnell zu der anderen Reihe hin, ängstlich, der zweite SS-Mann könnte zufällig herüberschauen und mich als eine erkennen, die schon abgelehnt worden war. Der war jedoch mit seiner eigenen Arbeit beschäftigt. [...] Auf die Frage nach meinem Alter gab ich die entscheidende Antwort, die ich meiner Mutter nicht abgenommen hatte, wohl aber dieser jungen Frau, die rechts neben dem Meister aus Deutschland stand. „Fünfzehn bin ich."
„Die ist aber noch sehr klein", bemerkte der Herr über Leben und Tod, nicht unfreundlich, eher wie man Kühe und Kälber besichtigt.
Und sie, im gleichen Ton die Ware bewertend: „Aber kräftig gebaut ist sie. Die hat Muskeln in den Beinen, die kann arbeiten. Schaun Sie nur."
Da war eine, die arbeitete für diese Verwaltung und strengte sich an für mich, ohne mich überhaupt zu kennen. Dem Mann war sie vielleicht ein wenig weniger gleichgültig als ich es ihm war, und er gab nach. Sie schrieb meine Nummer auf, ich hatte eine Lebensverlängerung gewonnen.

— **Ruth Klüger: weiter leben**, Göttingen 1992, S. 128–133

© Verlag an der Ruhr ❦ Postfach 102251 ❦ 45422 Mülheim an der Ruhr ❦ www.verlagruhr.de

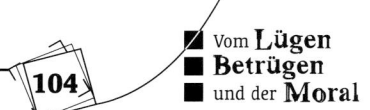

Vom **Lügen**
Betrügen
und der **Moral**

Jakob, der Lügner

Jakob weiß, dass nicht mehr viel Zeit bleibt, der Junge ist in einem Zustand, in dem man nicht normal mit ihm reden kann. Und dann sieht er die Ablösung in einer Kolonne anmarschieren, und jetzt muss er es ihm sagen. *„Weißt du, wo Bezanika liegt?"*

„Gleich", sagt Mischa aufgeregt.

„Ob du weißt, wo Bezanika liegt?"

„Nein", sagt Mischa und seine Augen begleiten die Kolonne auf ihren letzten Metern.

„Bezanika ist ungefähr 400 Kilometer vor uns ..."

„Aha."

„Die Russen sind zwanzig Kilometer vor Bezanika!"

Mischa gelingt es für einen Augenblick, seine Blicke von den marschierenden Soldaten frei zu machen ...

„Freust du dich nicht?", fragt Jakob.

Mischa lächelt ihn freundlich an, *„schon gut",* sagt er mit einer Stimme, die ein wenig traurig klingt, der man aber auch eine gewisse Anerkennung für Jakobs reizende Mühe anhören soll. Und dann hat er wieder Wichtigeres zu beobachten. Die Kolonne kommt näher, an dem kleinen Steinhaus, in dem die Eisenbahner und die Posten ihren Aufenthaltsraum haben, sind sie schon vorbei ...

„Ich habe ein Radio!" sagt Jakob ... Mischa bleibt regungslos sitzen, die Russen sind vierhundert Kilometer von uns entfernt, bei irgendeinem Bezanika, und Jakob hat ein Radio. Sie sitzen auf der Erde und sehen sich an, es hat nie einen Waggon gegeben mit Kartoffeln, keiner hat je auf die Ablösung gewartet, ganz plötzlich ist morgen auch noch ein Tag ...

Sie sitzen noch ein bisschen, Mischa lächelt glücklich mit seinen Augen, so hat Jakob ihn zugerichtet. Jakob steht auf, man kann nicht ewig sitzen ... Er ist gezwungen worden, verantwortungslose Behauptungen in die Welt zu setzen, der ahnungslose Idiot da hat ihn gezwungen ..., bloß weil er plötzlich Appetit auf Kartoffeln bekommen hat. Er wird ihm schon die Wahrheit sagen, nicht sofort, aber heute noch, egal ob morgen dieser Waggon noch da steht oder nicht ...

„Nimm dich zusammen und steh auf. Und vor allem halt das Maul. Du weißt, was das heißt, ein Radio im Ghetto. Kein Mensch darf davon erfahren."

— **Jurek Becker, Jakob der Lügner**

— **Volksempfänger VE 301, 1933**

Filmtipps

Jakob der Lügner ist bereits zweimal verfilmt worden:

Jakob der Lügner, **DDR, 1974,** Regie: Frank Beyer, Titelrolle: Vlastimil Brodsky

Jakob der Lügner, **USA, 1999,** Regie: Peter Kassovitz, Titelrolle: Robin Williams

Die Geschichte von Jakob dem Lügner spielt während des Zweiten Weltkriegs im von den Deutschen besetzten Polen, und handelt von der grausamen Lebenssituation der Juden in einem von den Nazis bewachten polnischen Ghetto.

Natürlich hat Jakob kein Radio. Hätte er eines und es käme heraus, würden die deutschen Aufseher ihn sofort erschießen. Jakob hat die Nachricht, dass sich die russische Armee bereits bis in die Nähe des Ghettos vorgekämpft hätte, zufällig aufgeschnappt, als er ins deutsche Polizeirevier beordert wurde, wo gerade das Radio lief. Aber für diese Erklärung reicht die Zeit nicht, deshalb behauptet er, er besitze selbst ein Radio. Jakob hat gelogen, um seinem Mitgefangenen mit der Aussicht auf eine baldige Befreiung durch die russische Armee ein wenig neuen Lebensmut zu geben und ihn vor einer tödlichen Dummheit zu bewahren.

👁 **Was glaubst du: Darf man lügen, um andere zu ermutigen, um ihnen durch eine schwere Zeit zu helfen, oder um sie von etwas wirklich Gefährlichem abzuhalten?**

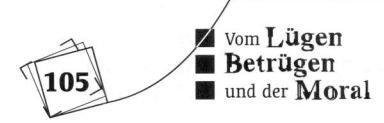

Vom **Lügen** **Betrügen** und der **Moral**

Damals war es Friedrich

Nach dem dritten Klingeln stellte ich das Körbchen ab und klopfte; denn nun wusste ich, dass jemand in der Wohnung war. „Friedrich!" rief ich. „Friedrich!"

Endlich öffnete sich die Tür. Aber nicht Friedrich, sondern Herr Schneider stand vor mir. Ärgerlich schaute er mich an;

dann zog er mich schnell herein, so schnell, dass ich das Körbchen draußen ließ. Ich musste noch einmal vor die Tür, um die Kartoffeln hereinzuholen.

Wieder im Flur, sagte ich: „Wegen der Kartoffeln komme ich, ich wollte sie abgeben."

Herr Schneider machte noch immer ein unfreundliches Gesicht: „Und deswegen solchen Lärm?"

„Mindestens zehnmal habe ich geklingelt, und niemand ist an die Tür gekommen, obwohl man hören konnte, dass jemand in der Wohnung war", verteidigte ich mich. „Da habe ich geklopft."

Nun erschien auch Friedrich auf dem Flur. Er nickte mir zu und nahm mir das Körbchen ab. „Warum schimpfst du ihn aus?" sagte er zu seinem Vater. „Sei froh und dankbar, dass er uns Kartoffeln bringt. Du weißt, wie gut wir sie gebrauchen können."

Herr Schneider wandte sich von mir ab. „Du hast noch lange kein Recht, in diesem Ton mit mir zu reden!" fauchte er Friedrich an. „Was fällt dir ein!"

Aber Friedrich schwieg nicht: „Kann ich dafür, dass du den Kopf verlierst, sobald man etwas von dir verlangt?"

Herr Schneider wurde lauter: „Nicht ich bin es, der hier den Verstand verloren hat, sondern du, sonst würdest du nicht

so mit deinem Vater sprechen!" Er atmete hastig und erregt.

„Wenn du vernünftig wärst, würdest du nicht so brüllen!" entgegnete Friedrich. „Stell dich doch gleich ans Fenster und schrei es über die ganze Straße, was dich so aufregt."

Fassungslos, fast weinend, antwortete Herr Schneider: „Ja, ich kann nichts dafür, es regt mich auf. Ich habe Angst. Ich sterbe vor Angst!"

Zischend fragte Friedrich: „Möchtest du ihn auf die Straße jagen? Willst du ihn opfern, um dich zu beruhigen? Pfui!"

Friedrichs Vater weinte.

Wütend und traurig starrte Friedrich ihn an.

Mich hatten sie anscheinend vergessen. Da öffnete sich leise die Tür zum Wohnzimmer. Ein alter bärtiger Mann trat heraus. Als er mich im Flur stehen sah, erschrak er. Aber er fasste sich sofort. Ruhig sagte er: „Meinetwegen soll niemand streiten, meinetwegen soll niemand Angst haben. Ich gehe."

„Nein!" riefen Friedrich und sein Vater fast gleichzeitig.

Herr Schneider stellte sich mit ausgebreiteten Armen vor die Wohnungstür. „Nein, Sie bleiben!" rief er.

Fast unmerklich schüttelte der alte Mann den Kopf: „Nun ist es zu spät. Er hat mich gesehen!" Dabei deutete er auf mich. Friedrich sprang an meine Seite. „Für ihn bürge ich!" sagte er. „Er verrät nichts."

Aber der Bärtige war nicht überzeugt: „Wir haben allzu viele Mitwisser, das ist nicht gut. Warum soll ich alle in Gefahr bringen? Ich bin alt; ich werde es zu ertragen wissen. Und der Ewige, er sei gepriesen, wird mir dabei helfen."

Herr Schneider hatte sich wieder gefasst. Vom Flur drängte er den alten

Buchtipps:
Hans Peter Richter:
Damals war es Friedrich.
München 1974

Wolfgang Vogelsaenger:
Literatur-Kartei: „Damals war es Friedrich".
Verlag an der Ruhr 1993

Mann, Friedrich und mich in das Wohnzimmer. Dort erst begann er zu reden: „Dieser Herr ist ein bekannter Rabbiner." Der Rabbi winkte ab und sprach weiter: „Man sucht mich. Hier bei Schneiders habe ich mich versteckt. Nicht für immer! Freunde wollen mir weiterhelfen." – Er stellte sich genau vor mich und schaute mich an. – „Du weißt, was mir bevorsteht, wenn man mich fängt? Wenn der Einzige, er sei gelobt, mir gnädig ist, der Tod – sonst unsagbare Leiden! Aber nicht nur mir droht dies, sondern ebenso denen, die mich beherbergt und verborgen haben." „Ich weiß auch", fuhr der Rabbi fort, „was dir geschehen kann, wenn du uns nicht anzeigst. Es würde schrecklich sein für dich, und uns hättest du dann nicht geholfen. Du, du ganz allein musst nun über mein Schicksal entscheiden. Wenn es dir zu schwer wird, die Last zu tragen, so sage es mir, damit wir wenigstens Friedrich und seinen Vater retten. Ich werde dich nicht verfluchen, wenn du mich gehen heißt."

Herr Schneider, der Rabbi und Friedrich schauten mich an. Sie erwarteten mein Urteil. Ich wusste nicht, was ich tun sollte. Der Rabbi war für mich ein fremder Mann. Und meine Mutter, und Vater? Standen sie mir nicht näher als der Jude? Durfte ich mich und meine Eltern in Gefahr bringen eines fremden Juden wegen? Würde ich mich nie verplappern? Würde ich das Geheimnis ertragen können, oder würde ich so darunter leiden wie Herr Schneider? Je länger ich mit meiner Antwort zögerte, desto drängender wurden die Gesichter der drei.

„Ich weiß nicht, was ich tun soll!" sagte ich ganz leise. „Ich weiß es nicht!"

— **Hans Peter Richter, Damals war es Friedrich, München 1974, S. 97–99**

© Verlag an der Ruhr ✆ Postfach 102251 ✆ 45422 Mülheim an der Ruhr ✆ www.verlagruhr.de

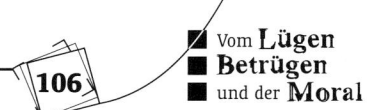

Recht und Moral

**Über Moral und Weisheit
hat jeder seine eigene
  Ansicht.
Der Fisch sieht sie
  von unten,
der Vogel von oben …**
— *Chinesisches Sprichwort*

„Weiße Lügen" – moralisch erlaubt?

Filmtipp
„Wag the Dog",
Regie: *Barry Levinson*, USA 1998.
Mit: *Robert de Niro, Dustin Hoffman, Anne Heche.*

Diese schwarze Komödie basiert auf dem tatsächlichen Skandal um die Affäre des früheren US-Präsidenten Bill Clinton mit der Praktikantin im Weißen Haus Monica Lewinsky. Um die Öffentlichkeit von dem Sexskandal abzulenken, wird ein virtueller Krieg in den Medien inszeniert ...

film-dienst 06/1998: Eine sehr vergnügliche schwarze Komödie, die sich mit der Macht der Medien und der Manipulierbarkeit der Öffentlichkeit auseinander setzt, deren fiktionaler Gehalt von der Realität eingeholt wurde. Getragen von guten Darstellern, regt sie zum Nachdenken über die Machtmechanismen der Gegenwart und eine noch verstärkt mediengesteuerte Zukunft an.

👁 **Finde mindestens fünf Beispiele für „Weiße Lügen", die dir im Alltag begegnen.**

👁 **Glaubst du auch, dass diese Art von Lügen keine moralische Verurteilung verdienen?**

👁 **Lest euch eure Beispiele gegenseitig vor und entscheidet für jede einzelne Lüge, ob sie „moralisch legitim" ist.**

Vermutlich lügt jeder Mensch mehrfach täglich. Das beginnt damit, dass wir auch dann antworten: „Mir geht es gut", wenn es uns eher schlecht geht. Erst wenn wir in miserabler Verfassung sind, antworten wir vielleicht: „Im Augenblick nicht so besonders", was nach strengen Maßstäben gelogen ist. Schon bei einer solchen Antwort allerdings muss man mit Nachfragen, ja schlimmer noch, Anteilnahme rechnen. Und mancher bereut seine Ehrlichkeit rasch.

White lies nennen die Engländer Lügen dieser Art. Es sind keine Notlügen, Lügen aus Not, es **sind kleine Lügen des Alltags, die wir uns nicht verbieten lassen möchten und die keine moralische Verurteilung verdienen. Mit den „Weißen Lügen" des Alltags schützen wir uns vor Eingriffen und Übergriffen unserer Mitmenschen.** Weiße Lügen gibt es auch in der Politik. Nach der Wahl wird das Kabinett neu gebildet. Es gehört sich als Kabinettsmitglied nicht, vor der Wahl den Kanzler zu fragen, ob man im Falle des Erfolges nach der Wahl wieder dabei sein würde. Denn es liegt auf der Hand, dass eine Zusammenarbeit im Wahlkampf zumindest belastet wäre, wenn die Antwort Nein lautet. Die Antwort müsste also Ja lauten, oder die Zusammenarbeit müsste in

der Regel sofort beendet werden. [...] Die Frage an den verheirateten Politiker: „Haben Sie eine Geliebte?" rechtfertigt eine Weiße Lüge, um die Privatsphäre zu schützen. Zweifellos differieren die moralischen Intuitionen in solchen Fällen innerhalb und zwischen den Kulturen. In puritanisch geprägten Gesellschaften wird auf öffentliche Rechenschaft viel Wert gelegt. Die Tradition aus dem 17. Jahrhundert, vor die Gemeinde zu treten und seine Verfehlungen zu bekennen, lebt in den Inszenierungen privater Verfehlung von Politikern im US-Fernsehen fort. Das Clinton-Lewinsky-Drama *[siehe Filmtipp!]* hat die amerikanische Gesellschaft am Ende einer langen Inszenierung den Wert einer Differenz zu schätzen gelehrt, die an der Wiege des europäischen Liberalismus stand, die zwischen Privatem und Öffentlichem. „Weiße Lügen" können diese Differenz bewahren, sie sind dann moralisch legitim.

Dort, wo es fraglos um öffentliche Angelegenheiten geht und wir uns nicht in der sich in der zeitgenössischen Medienlandschaft ausweitenden Grauzone zwischen Privatem und Öffentlichem bewegen, sind die Voraussetzungen „Weißer Lügen" sehr selten erfüllt. Da die Politik über die Ministerialbürokratie einen privilegierten Zugang zu Informationen hat, muss man erwarten, dass sie mit diesen verantwortlich, und das heißt: wahrhaftig umgeht. Manche wahre Aussage ist dabei unverantwortlich, weil unwahrhaftig. Die Methode, mit wahren Aussagen unwahrhaftig zu sein, hat es in der Politik zu einer gewissen Perfektion gebracht.

— **Julian Nida-Rümelin: Mit der Wahrheit lügen, Die Zeit 03/2003**

Werteforscher sagen, dass eine Lüge dann moralisch verwerflich ist, wenn ein anderer Schaden nimmt.

© Verlag an der Ruhr ❧ Postfach 102251 ❧ 45422 Mülheim an der Ruhr ❧ www.verlagruhr.de

◢ Vom **Lügen**
■ **Betrügen**
■ und der **Moral**

Definition Moral

Moral [frz. morale, von lat. (philosophia) moralis „die Sitten betreffend(e Philosophie)", zu mos, moris „Sitte", „Brauch"] die, -/-en (Pl. selten), im modernen Sprachgebrauch Sammelbezeichnung für die der gesellschaftlichen Praxis zugrundeliegenden und als verbindlich akzeptierten **ethisch-sittlichen Normen(systeme) des Handelns und der Werturteile, der Tugenden und Ideale** einer bestimmten Gesellschaft, bestimmter gesellschaftlicher Gruppen und der ihnen integrierten Individuen bzw. einer historischen Epoche; sittliche Haltung

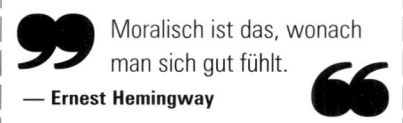

Moralisch ist das, wonach man sich gut fühlt.
— **Ernest Hemingway**

eines Einzelnen oder einer Gruppe; lehrreiche Nutzanwendung, sittlicher Gehalt (Moral einer Geschichte, Moral des Friedens); Solidarität einer Gruppe, Bereitschaft sich einzusetzen, zu kämpfen. [...]

In der Philosophiegeschichte ist Moral in verschiedenen Hinsichten thematisiert worden: unter dem Aspekt der absoluten Geltung oder der Geschichtlichkeit der unter Moral erfassten Tugenden und Werte; hinsichtlich des moralisch Handelnden, wobei Autonomie und Freiheit des Willens, die Freiheit, ein moralisches Gesetz, das „Prinzip der Moral" zum Bestimmungsgrund des Handelns zu erheben (I. Kant) als Kennzeichen und

Voraussetzung des moralischen Subjektes hervorgehoben werden; hinsichtlich der Verbindlichkeit der Moral, wobei die Verpflichtung zu moralischem Handeln, über traditionelle Geltung gesellschaftlicher Normen hinausgehend, vor allem in Gott (Christentum), in der Vernunft (I. Kant) oder in dem auf die wechselseitige Anerkennung von Personen gegründeten menschlichen Gewissen gesehen wird. Im 20. Jahrhundert wird die Frage der Moral besonders im Zusammenhang mit der Frage nach der Letztbegründung von Moralprinzipien behandelt. Weitgehend anerkannt ist heute die Geschichtlichkeit der Moral. **Geltende Moral unterliegt dem gesellschaftlich-historischen Wandel.** Unterschiedliche Gruppen- und Individual-Moralen bestehen nebeneinander. Moral ist aber nicht rein subjektiv und im Rahmen eines demokratischen Wertepluralismus beliebig wählbar und austauschbar. Es entstand in den letzten Jahrzehnten ein Bewusstsein dafür, dass die Entwicklungen von Wissenschaft und Technik ein moralisches Bewusstsein fordern, das objektvierbaren Kriterien Folge leisten muss, wobei sich auch die Frage neu stellt, auf welche Bereiche (zukünftige Generationen, Tiere u.a.) sich die moralischen Verpflichtungen des Menschen erstrecken.

— **Brockhaus, Bd. 15, 1991, S. 96**

Moral ist das, was man nicht tut, weil andere zuschauen.
— **Brendan Behan**

Moral ist, wenn man so lebt, dass es gar keinen Spaß macht, so zu leben.
— **Edith Piaf**

Lies dir die Definition von Moral aufmerksam durch. Erstelle anschließend eine Liste mit zwei Spalten: „moralisch ist ..." und „unmoralisch ist ..." und suche entsprechende Beispiele.

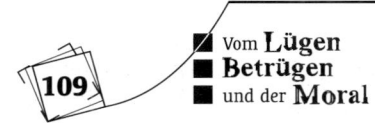

■ Vom **Lügen**
■ **Betrügen**
■ und der **Moral**

⑥ Lügen vor Gericht

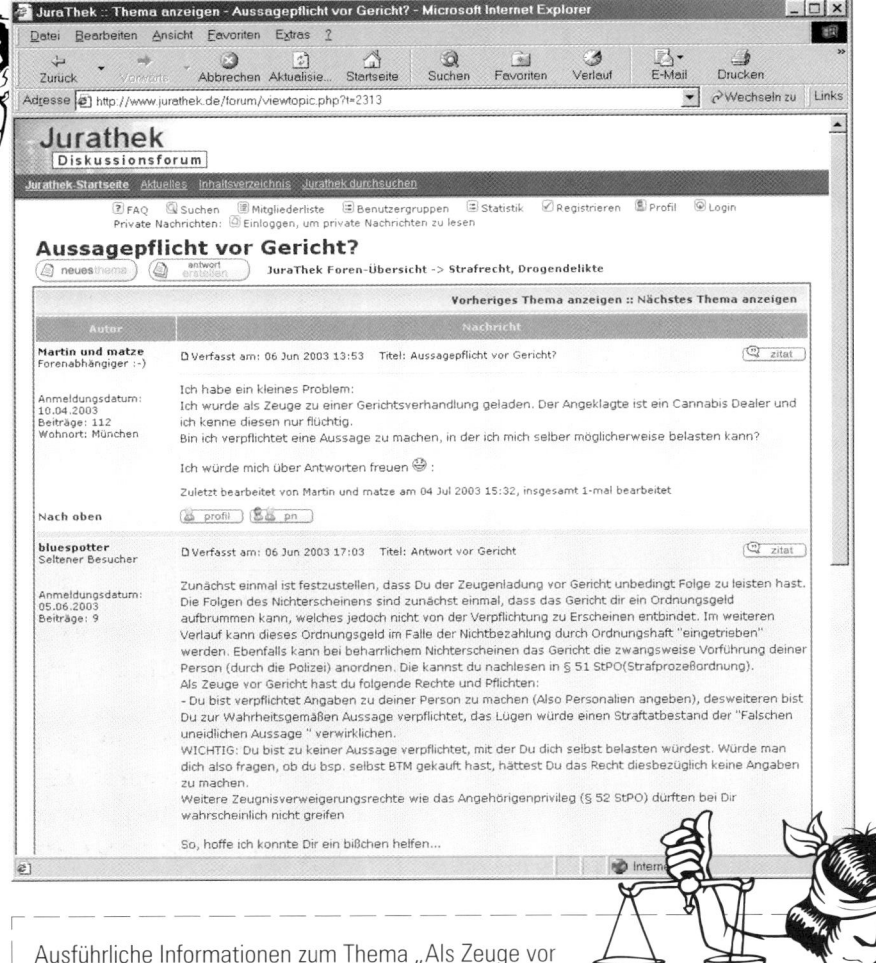

StGB § 153 Falsche uneidliche Aussage

Wer vor Gericht oder vor einer anderen zur eidlichen Vernehmung von Zeugen oder Sachverständigen zuständigen Stelle als Zeuge oder Sachverständiger uneidlich falsch aussagt, wird mit Freiheitsstrafe von drei Monaten bis zu fünf Jahren bestraft.

StGB § 154 Meineid

(1) Wer vor Gericht oder vor einer anderen zur Abnahme von Eiden zuständigen Stelle falsch schwört, wird mit Freiheitsstrafe nicht unter einem Jahr bestraft. **(2)** In minder schweren Fällen ist die Strafe Freiheitsstrafe von sechs Monaten bis zu fünf Jahren.

Ausführliche Informationen zum Thema „Als Zeuge vor Gericht – Rechte und Pflichten" findest du zum Beispiel auf der Internet-Seite des Oberlandesgerichts Nürnberg: **www.justiz.bayern.de/olgn/buergerinfo/themen/allg_zeuge.htm**

Der Zeuge darf nicht lügen, der Angeklagte darf lügen!

Es steht zwar nicht ausdrücklich im Gesetz, dass der Angeklagte lügen darf, aber es gibt keine Möglichkeit, ihn zu einer wahren Aussage zu zwingen. Dem Angeklagten wird allerdings nahe gelegt, zu seinen Gunsten sprechende Tatsachen geltend zu machen – das ist aber eigentlich nur möglich, wenn er die Wahrheit sagt.

Strafprozessordnung (StPO) § 136

(1) Bei Beginn der ersten Vernehmung ist dem Beschuldigten zu eröffnen, welche Tat ihm zur Last gelegt wird und welche Strafvorschriften in Betracht kommen. Er ist darauf hinzuweisen, dass es ihm nach dem Gesetz freistehe, sich zu der Beschuldigung zu äußern oder nicht zur Sache auszusagen und jederzeit, auch schon vor seiner Vernehmung, einen von ihm zu wählenden Verteidiger zu befragen. [...]
(2) Die Vernehmung soll dem Beschuldigten Gelegenheit geben, die gegen ihn vorliegenden Verdachtsgründe zu beseitigen und die zu seinen Gunsten sprechenden Tatsachen geltend zu machen. [...]

© Verlag an der Ruhr ✆ Postfach 102251 ✆ 45422 Mülheim an der Ruhr ✆ www.verlagruhr.de

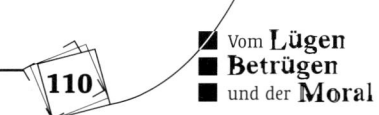

Vom **Lügen**
Betrügen
und der **Moral**

Strafgesetzbuch (StGB)

– Betrug und Untreue

§ 263
Betrug

(1) Wer in der Absicht, sich oder einem Dritten einen rechtswidrigen Vermögensvorteil zu verschaffen, das Vermögen eines anderen dadurch beschädigt, dass er durch Vorspiegelung falscher oder durch Entstellung oder Unterdrückung wahrer Tatsachen einen Irrtum erregt oder unterhält, wird mit Freiheitsstrafe bis zu fünf Jahren oder mit Geldstrafe bestraft.

(2) Der Versuch ist strafbar.

(3) In besonders schweren Fällen ist die Strafe Freiheitsstrafe von sechs Monaten bis zu zehn Jahren. Ein besonders schwerer Fall liegt in der Regel vor, wenn der Täter
1. gewerbsmäßig oder als Mitglied einer Bande handelt, die sich zur fortgesetzten Begehung von Urkundenfälschung oder Betrug verbunden hat,
2. einen Vermögensverlust großen Ausmaßes herbeiführt oder in der Absicht handelt, durch die fortgesetzte Begehung von Betrug eine große Zahl von Menschen in die Gefahr des Verlustes von Vermögenswerten zu bringen,
3. eine andere Person in wirtschaftliche Not bringt,
4. seine Befugnisse oder seine Stellung als Amtsträger missbraucht oder
5. einen Versicherungsfall vortäuscht, nachdem er oder ein anderer zu diesem Zweck eine Sache von bedeutendem Wert in Brand gesetzt oder durch eine Brandlegung ganz oder teilweise zerstört oder ein Schiff zum Sinken oder Stranden gebracht hat. [...]

§ 263a
Computerbetrug

(1) Wer in der Absicht, sich oder einem Dritten einen rechtswidrigen Vermögensvorteil zu verschaffen, das Vermögen eines anderen dadurch beschädigt, dass er das Ergebnis eines Datenverarbeitungsvorgangs durch unrichtige Gestaltung des Programms, durch Verwendung unrichtiger oder unvollständiger Daten, durch unbefugte Verwendung von Daten oder sonst durch unbefugte Einwirkung auf den Ablauf beeinflusst, wird mit Freiheitsstrafe bis zu fünf Jahren oder mit Geldstrafe bestraft. [...]

§ 265a
Erschleichen von Leistungen

(1) Wer die Leistung eines Automaten oder eines öffentlichen Zwecken dienenden Telekommunikationsnetzes, die Beförderung durch ein Verkehrsmittel oder den Zutritt zu einer Veranstaltung oder einer Einrichtung in der Absicht erschleicht, das Entgelt nicht zu entrichten, wird mit Freiheitsstrafe bis zu einem Jahr oder mit Geldstrafe bestraft, wenn die Tat nicht in anderen Vorschriften mit schwererer Strafe bedroht ist.

(2) Der Versuch ist strafbar. [...]

§ 273
Verändern von amtlichen Ausweisen

(1) Wer zur Täuschung im Rechtsverkehr
1. eine Eintragung in einem amtlichen Ausweis entfernt, unerkenntlich macht, überdeckt oder unterdrückt oder eine einzelne Seite aus einem amtlichen Ausweis entfernt oder
2. einen derart veränderten amtlichen Ausweis gebraucht, wird mit Freiheitsstrafe bis zu drei Jahren oder mit Geldstrafe bestraft, wenn die Tat nicht in § 267 oder § 274 mit Strafe bedroht ist.

(2) Der Versuch ist strafbar.

§ 281
Missbrauch von Ausweispapieren

(1) Wer ein Ausweispapier, das für einen anderen ausgestellt ist, zur Täuschung im Rechtsverkehr gebraucht, oder wer zur Täuschung im Rechtsverkehr einem anderen ein Ausweispapier überlässt, das nicht für diesen ausgestellt ist, wird mit Freiheitsstrafe bis zu einem Jahr oder mit Geldstrafe bestraft. Der Versuch ist strafbar.

(2) Einem Ausweispapier stehen Zeugnisse und andere Urkunden gleich, die im Verkehr als Ausweis verwendet werden.

Vom **Lügen**
Betrügen
und der **Moral**

Sexualmoral – kein Sex vor der Ehe

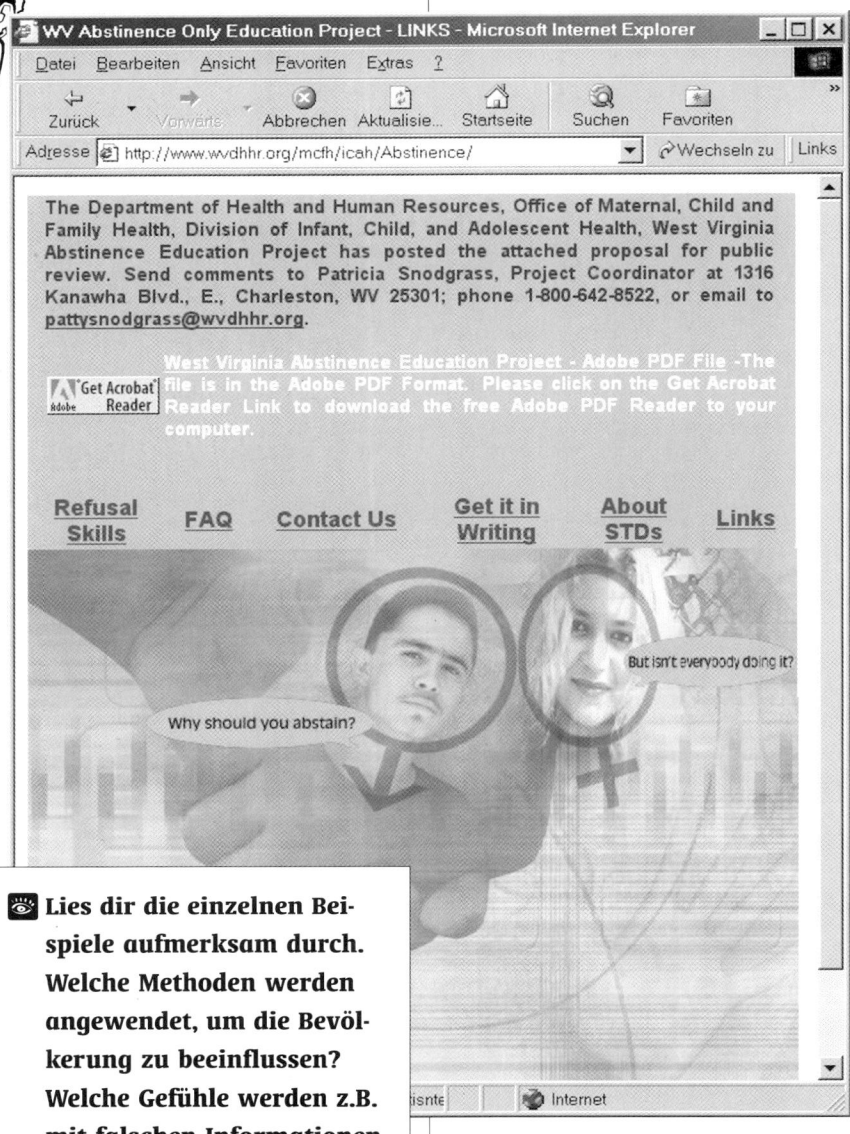

The Department of Health and Human Resources, Office of Maternal, Child and Family Health, Division of Infant, Child, and Adolescent Health, West Virginia Abstinence Education Project has posted the attached proposal for public review. Send comments to Patricia Snodgrass, Project Coordinator at 1316 Kanawha Blvd., E., Charleston, WV 25301; phone 1-800-642-8522, or email to pattysnodgrass@wvdhhr.org.

West Virginia Abstinence Education Project - Adobe PDF File -The file is in the Adobe PDF Format. Please click on the Get Acrobat Reader Link to download the free Adobe PDF Reader to your computer.

Refusal Skills   **FAQ**   **Contact Us**   **Get it in Writing**   **About STDs**   **Links**

Why should you abstain?

But isn't everybody doing it?

Die US-Regierung verbiegt die Wahrheit offenbar nicht nur, um Kriege zu rechtfertigen. Auch in der Wissenschaft scheint gefälscht, manipuliert und unterdrückt zu werden. Das Regierungsreform-Komitee des Repräsentantenhauses unter der Leitung des Demokraten Henry A. Waxman veröffentlichte einen 40-Seiten langen Bericht, in dem es hieß: „Die politische Einmischung der Regierung führte zu irreführenden Aussagen des Präsidenten, ungenauen Auskünften an den Kongress, veränderten Webseiten, unterdrückten Institutsberichten und dem Knebeln von Wissenschaftlern."

Bizarr scheinen die Vorgänge rund um die Sexualmoral:

So wurden beispielsweise offizielle Seiten (wie etwa Seiten des Centers for Disease Control, CDC), in denen Jugendliche etwas über Funktionsweise, Benutzung und richtiges Anlegen von Kondomen erfahren konnten, von der Bush-Regierung kurzerhand gelöscht. Die Internet-Seiten des Nationalen Krebsinstituts wurden angeblich manipuliert und bieten nun die falsche und absurde Information, eine Abtreibung könne Brustkrebs auslösen.

👁 **Lies dir die einzelnen Beispiele aufmerksam durch. Welche Methoden werden angewendet, um die Bevölkerung zu beeinflussen? Welche Gefühle werden z.B. mit falschen Informationen über Brustkrebsrisiken angesprochen?**

👁 **Diskutiert die Art, mit solchen Maßnahmen das Sexualverhalten und Moralempfinden der Bevölkerung, insbesondere von Jugendlichen, zu beeinflussen.**

👁 **Was haltet ihr von einem neuen Trend gegen Sex vor der Ehe? Passt eine solche Moral zu unserer modernen Gesellschaft?**

— Quellen:

www.spiegel.de/wissenschaft/mensch/0,1518,260859,00.html

www.house.gov/reform/min/politicsandscience

Besonders bedenklich erscheint jedoch die von der amerikanischen Regierung unterstützte „Abstinence-Only-Until-Marriage"-Kampagne. Diese Kampagne existiert bereits seit etwa 20 Jahren, erlebt aber gerade in letzter Zeit einen enormen Aufschwung und löst allenthalben Proteste – insbesondere von Wissenschaftlern und Forschern – aus. Diese Kampagne propagiert eine sehr effektive Verhütungsmethode: keinen Sex haben. Gleichzeitig werden auf den Internet-Seiten der entsprechenden Organisationen massiv irrationale Ängste vor Aids und Geschlechtskrankheiten geschürt.

© Verlag an der Ruhr ✎ Postfach 102251 ✎ 45422 Mülheim an der Ruhr ✎ www.verlagruhr.de

■ Vom **Lügen**
■ **Betrügen**
■ und der **Moral**

Abraham

– Lügen und Moral in der Bibel

Abraham belügt den Pharao in Ägypten

Als Abram* sich Ägypten näherte, sagte er zu seiner Frau Sarai: Ich weiß, du bist eine schöne Frau. Wenn dich die Ägypter sehen, werden sie sagen: Das ist seine Frau!, und sie werden mich erschlagen, dich aber am Leben lassen.

Sag doch, du seiest meine Schwester, damit es mir deinetwegen gut geht und ich um deinetwillen am Leben bleibe. Als Abram nach Ägypten kam, sahen die Ägypter, dass die Frau sehr schön war. Die Beamten des Pharao sahen sie und rühmten sie vor dem Pharao. Da holte man die Frau in den Palast des Pharao. Er behandelte Abram ihretwegen gut: Abram bekam Schafe und Ziegen, Rinder und Esel, Knechte und Mägde, Eselinnen und Kamele.

Als aber der Herr wegen Sarai, der Frau Abrams, den Pharao und sein Haus mit schweren Plagen schlug, ließ der Pharao Abram rufen und sagte: Was hast du mir da angetan? Warum hast du mir nicht gesagt, dass sie deine Frau ist? Warum hast du behauptet, sie sei deine Schwester, sodass ich sie mir zur Frau nahm? Nun, da hast du deine Frau wieder, nimm sie und geh! Dann ordnete der Pharao seinetwegen Leute ab, die ihn, seine Frau und alles, was ihm gehörte, fortgeleiten sollten.

— 1. Mose/Genesis 12,10-20, Die Bibel, Einheitsübersetzung, Herder, 1980

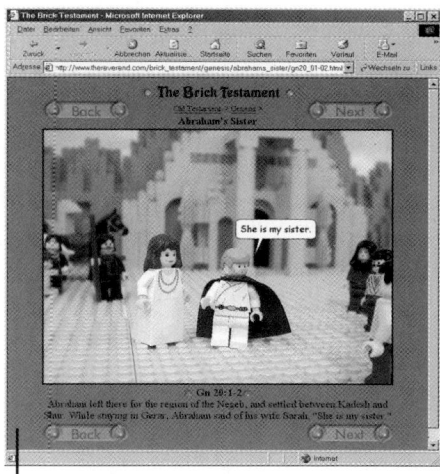

www.thereverend.com/brick_testament/

Abraham belügt den König Abimelech

Abraham brach von dort auf und zog in den Negeb. [...] Abraham behauptete von Sara, seiner Frau: Sie ist meine Schwester. Da schickte Abimelech, der König von Gerar, hin und ließ Sara holen. Nachts kam Gott zu Abimelech und sprach zu ihm im Traum: Du musst sterben wegen der Frau, die du dir genommen hast; sie ist verheiratet. Abimelech aber war ihr noch nicht nahe gekommen. Mein Herr, sagte er, willst du denn auch unschuldige Leute umbringen? Hat er mir nicht gesagt, sie sei seine Schwester? Auch sie selbst hat behauptet, er sei ihr Bruder. Mit arglosem Herzen und mit reinen Händen habe ich das getan. Da sprach Gott zu ihm im Traum: [...] Gib die Frau dem Mann zurück; denn er ist ein Prophet. Er wird für dich eintreten, dass du am Leben bleibst. Gibst du sie aber nicht zurück, dann sollst du wissen: Du musst sterben, du und alles, was dir gehört.

[...] Nun ließ Abimelech Abraham rufen und stellte ihn zur Rede: Was hast du uns angetan? Womit habe ich denn gegen dich gefehlt, dass du über mich und mein Reich eine so große Sünde bringst? [...] Was hattest du vor, als du das tatest? Abraham entgegnete: Ich sagte mir: Vielleicht gibt es keine Gottesfurcht an diesem Ort, und man wird mich wegen meiner Frau umbringen. Übrigens ist sie wirklich meine Schwester, eine Tochter meines Vaters, nur nicht eine Tochter meiner Mutter; so konnte sie meine Frau werden. [...] Darauf nahm Abimelech Schafe, Ziegen und Rinder, Knechte und Mägde und schenkte sie Abraham. Auch gab er ihm seine Frau Sara zurück; dabei sagte Abimelech: Hier, mein Land steht dir offen. Wo es dir beliebt, da lass dich nieder! Zu Sara aber sagte er: Da, ich gebe deinem Bruder tausend Silberstücke. Das soll allen Leuten in deiner Umgebung die Augen zudecken, und vor allen erfährst du Genugtuung. Abraham trat für ihn bei Gott ein; da heilte Gott Abimelech, auch seine Frau und seine Dienerinnen, sodass sie wieder gebären konnten. Denn der Herr hatte im Haus Abimelech jeden Mutterschoß verschlossen wegen Sara, der Frau Abrahams.

— 1. Mose/Genesis 20,1-18, Die Bibel, Einheitsübersetzung, Herder, 1980

---

* Abrams Name wurde später in Abraham (Vater von Völkern) geändert, als Gott ihm versprach, ihn zum Vater des Volkes Israel zu machen.

👁 Abraham nennt jeweils Gründe für seine Lüge. Welche?

👁 Warum spielt Abrahams Frau mit und wehrt sich nicht gegen diese Lügen?

👁 Kannst du dir eine ähnliche Situation in der heutigen Zeit vorstellen?

👁 Vergleiche die Reaktion des Pharaos mit der des Königs Abimelech. Warum glaubst du, bestraft keiner von beiden Abraham für seine Lüge?

Vom **Lügen** **Betrügen** und der **Moral**

Jakob und Jeremia

– Lügen und Moral in der Bibel

© Verlag an der Ruhr ✎ Postfach 102251 ✎ 45422 Mülheim an der Ruhr ✎ www.verlagruhr.de

👁 **Suche das Kapitel „Der Erstgeburtssegen", 1. Mose/ Genesis 27, 1-40 in der Bibel.**

- Warum erkennt Isaak seinen Sohn nicht?
- Wie kommt Jakob auf die Idee, seinen Vater zu belügen?
- Welche Bedeutung hat der Segen?
- Was bedeutet der hebräische Name Jakob?
- Welche Rolle spielt Jakob für Judentum und Christentum (Tipp: 1. Mose 35, 9-13)?

Jakob betrügt seinen Vater

Er ging zu seinem Vater hinein und sagte: *„Mein Vater!"*
„Ja", antwortete er, *„wer bist du, mein Sohn?"*
Jakob entgegnete seinem Vater: *„Ich bin Esau, dein Erstgeborener."* [...]
Da sagte Isaak zu Jakob: *„Komm näher heran! Ich will dich betasten, mein Sohn, ob du wirklich mein Sohn Esau bist oder nicht."*
Jakob trat zu seinem Vater Isaak hin.
Isaak betastete ihn und sagte: *„Die Stimme ist zwar Jakobs Stimme, die Hände aber sind Esaus Hände."*
Er erkannte ihn nicht, denn Jakobs Hände waren behaart wie die seines Bruders Esau, und so segnete er ihn.

— **Genesis 27, 18-23, Die Bibel, Einheitsübersetzung, Herder, 1980**

👁 **Überlege dir, was Jeremia für ein Gefühl im Magen hatte, als er sich so über sein Volk beklagte. Kannst du Jeremias Gefühle nachvollziehen? Wolltest du auch am liebsten schon mal in die Wüste auswandern, oder besser noch, alle anderen in die Wüste schicken? Beschreibe eine solche Situation aus deinem Leben.**

Projektvorschlag:

◎ **Schreibt Jeremias Klagen und Beschwerden zu einem Rap-Song um. Dafür dürft ihr die altmodische Sprache in moderneres Deutsch oder auch in Slang übersetzen!**

Der Prophet Jeremia klagt über die Lügner

Hätte ich doch eine Herberge in der Wüste!
Dann könnte ich mein Volk verlassen und von ihm weggehen.
Denn sie sind alle Ehebrecher, eine Rotte von Treulosen.
Sie machen ihre Zunge zu einem gespannten Bogen;
Lüge, nicht Wahrhaftigkeit herrscht im Land.
Ja, sie schreiten von Verbrechen zu Verbrechen; [...]

Nehmt euch in Acht vor eurem Nächsten, keiner traue seinem Bruder!
Denn jeder Bruder betrügt, und jeder Nächste verleumdet.
Ein jeder täuscht seinen Nächsten, die Wahrheit reden sie nicht.
Sie haben ihre Zunge ans Lügen gewöhnt, sie handeln verkehrt, zur Umkehr sind sie zu träge. Überall Unterdrückung, nichts als Betrug! [...]
Ein tödlicher Pfeil ist ihre Zunge, trügerisch redet ihr Mund;
„Friede", sagt man zum Nächsten, doch im Herzen plant man den Überfall.

Sollte ich sie dafür nicht bestrafen – Spruch des Herrn – und an einem solchen Volk keine Rache nehmen?
Erhebt über die Berge hin Weinen und Klagen, über die Weideplätze der Steppe ein Totenlied!

— **Jeremia 9, 1-9, Die Bibel, Einheitsübersetzung, Herder, 1980**

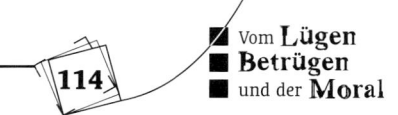

Vom **Lügen**
■ **Betrügen**
■ und der **Moral**

Judas & Simon Petrus

7. Recht und Moral

– Lügen und Moral in der Bibel

Der Verrat des Judas

Jesus wusste, dass seine Stunde gekommen war, um aus dieser Welt zum Vater hinüberzugehen. Da er die Seinen liebte, erwies er ihnen seine Liebe bis zur Vollendung. Es fand ein Mahl statt, und der Teufel hatte Judas, dem Sohn des Simon Iskariot, schon ins Herz gegeben, ihn zu verraten und auszuliefern. Jesus, der wusste, dass ihm der Vater alles in die Hand gegeben hatte und dass er von Gott gekommen war und zu Gott zurückkehrte, stand vom Mahl auf, legte sein Gewand ab und umgürtete sich mit einem Leinentuch. Dann goss er Wasser in eine Schüssel und begann, den Jüngern die Füße zu waschen und mit dem Leinentuch abzutrocknen, mit dem er umgürtet war. Als er zu Simon Petrus kam, sagte dieser zu ihm: „Du, Herr, willst mir die Füße waschen?" Jesus antwortete ihm: „Was ich tue, verstehst du jetzt noch nicht; doch später wirst du es begreifen." Petrus entgegnete ihm: „Niemals sollst du mir die Füße waschen!" Jesus erwiderte ihm „Wenn ich dich nicht wasche, hast du keinen Anteil an mir." Da sagte Simon Petrus zu ihm: „Herr, dann nicht nur meine Füße, sondern auch die Hände und das Haupt." Jesus sagte zu ihm: „Wer vom Bad kommt, ist ganz rein und braucht sich nur noch die Füße zu waschen. Auch ihr seid rein, aber nicht alle." Er wusste nämlich, wer ihn verraten würde; darum sagte er: „Ihr seid nicht alle rein."
— **Johannes 13, 2-11**

Jesus bekräftigte: „Amen, amen, das sage ich euch: Einer von euch wird mich verraten." Die Jünger blickten sich ratlos an, weil sie nicht wussten, wen er meinte. [...] „Herr, wer ist es?" Jesus antwortete: „Der ist es, dem ich den Bissen Brot, den ich eintauche, geben werde. Dann tauchte er das Brot ein, nahm es und gab es Judas, dem

Sohn des Simon Iskariot. Als Judas den Bissen Brot genommen hatte, fuhr der Satan in ihn. Jesus sagte zu ihm: „Was du tun willst, das tu bald!" Aber keiner der Anwesenden verstand, warum er ihm das sagte. Weil Judas die Kasse hatte, meinten einige, Jesus wolle ihm sagen: Kaufe, was wir zum Fest brauchen! oder Jesus trage ihm auf, den Armen etwas zu geben. Als Judas den Bissen Brot genommen hatte, ging er sofort hinaus.
— **Johannes 13, 21-30**

Judas holte die Soldaten und die Gerichtsdiener der Hohepriester und der Pharisäer, und sie kamen dorthin mit Fackeln, Laternen und Waffen. Jesus, der alles wusste, was mit ihm geschehen sollte, ging hinaus und fragte sie: „Wen sucht ihr?" Sie antworteten ihm: „Jesus von Nazareth." Er sagte zu ihnen: „Ich bin es!"
— **Johannes 18, 3-5**

Simon Petrus verleugnet Jesus

Simon Petrus sagte zu ihm: „Herr, wohin willst du gehen?" Jesus antwortete: „Wohin ich gehe, dorthin kannst du mir jetzt nicht folgen. Du wirst mir aber später folgen." Petrus sagte zu ihm: „Herr, warum kann ich dir jetzt nicht folgen? Mein Leben will ich für dich hingeben." Jesus entgegnete: „Du willst für mich dein Leben hingeben? Amen, amen, das sage ich dir: Noch bevor der Hahn kräht, wirst du mich dreimal verleugnen."
— **Johannes 13, 36-38**
Die Bibel, Einheitsübersetzung, Herder, 1980

Noch bevor der Hahn kräht, wirst du mich dreimal verleugnen.

— www.jesusdressup.com

👁 **Was glaubst du, warum Jesus den anderen Jüngern nicht direkt sagt, wer von ihnen ihn verraten wird?**

👁 **Was bedeutet Jesus Prophezeiung, dass selbst sein treuester Jünger Simon Petrus ihn „verleugnen" wird? Finde heraus, was genau Simon Petrus tut und warum er es tut. Vergleiche Simon Petrus Handeln mit dem Versprechen, das er Jesus macht.**

◼ Vom **Lügen**
◼ **Betrügen**
◼ und der **Moral**

Die ägyptische Göttin Maat

Projektvorschlag:

◎ Stell dir vor, heute würde die Moral abgeschafft. Es wäre völlig gleichgültig, ob man lügt oder die Wahrheit sagt. Würde die Welt dann noch funktionieren?

◎ Mach die Probe aufs Exempel: Notiere drei beliebige Gespräche, die du im Laufe des Tages führst (das kann z.B. auch die kurze Frage nach der Uhrzeit sein). Angenommen, du könntest dich nicht darauf verlassen, dass dein Gesprächspartner die Wahrheit gesagt hat – welche Konsequenzen hätte das?

Die Ägyptische Göttin Maat personifizierte das Konzept der kosmischen Ordnung, die bei der Vertreibung des Chaos durch die Schöpfung entstand. Das Wort Maat deckt Begriffe wie Ordnung, Gerechtigkeit und Wahrheit ab und bedeutet das Gegenteil von Chaos, dem Bösen und der Lüge. Maat galt im Alten Ägypten als das wichtigste Prinzip überhaupt. Es war die Pflicht des Königs, diese Ordnung zu erhalten – er erließ Gesetze aufgrund seiner Kenntnis der Maat und musste beständig die Götter besänftigen, damit sie sich nicht von Ägypten abwendeten und es dem Chaos überließen.

In sämtlichen Abbildungen trägt die Göttin Maat eine Straußenfeder auf dem Kopf – diese Feder ist das Schriftzeichen (Hieroglyphe) für den Begriff Maat. Auch die Feder alleine kann die Göttin repräsentieren.

Sowohl Götter als auch Menschen waren auf „Maat" angewiesen. Eine der wichtigsten Gaben des Königs an die Götter war eine Statuette der Göttin Maat, als Zeichen, dass die Weltordnung unter seiner Herrschaft nicht verletzt wurde.

Der Wesir war als Stellvertreter des Königs auch ein „Priester der Maat". Man vermutet, dass die an einer Kette um seinen Hals befestigte Statuette der Göttin Maat als Amtskette diente.

Nicht nur der König, sondern auch verschiedene Götter galten als „Herr der Maat", darunter der Sonnengott und Weltschöpfer Re, als dessen Tochter Maat betrachtet wurde. Auch Osiris, der Richter beim Totengericht, besaß enge Beziehungen zu Maat. In Osiris Gegenwart wurde das Herz des Verstorbenen gegen Maats „Feder der Wahrheit" aufgewogen, um festzustellen, ob die Seele würdig war, weiter zu existieren oder nicht.

Obwohl die Göttin eines der wichtigsten Prinzipien des ägyptischen Staates darstellte, wurden nur sehr wenige ihr geweihte Tempel gefunden. Einer der wichtigsten liegt im Tempelkomplex von Karnak.

Die Göttin Maat verkörperte die funktionierende Weltordnung im Alten Ägypten.

Mehr zur Götterwelt der Ägypter findet ihr hier:
www.selket.de/goetter.htm
(eine Liste mit über 200 Götternamen und Erklärungen)
www.kemet.de/Ausgaben/4-1998/Pantheon.htm
(Gabriele Höber-Kamel, Das ägyptische Pantheon-Einführung in die Welt der Götter)

© Verlag an der Ruhr ✐ Postfach 102251 ✐ 45422 Mülheim an der Ruhr ✐ www.verlagruhr.de

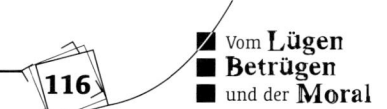

Vom **Lügen** **Betrügen** und der **Moral**

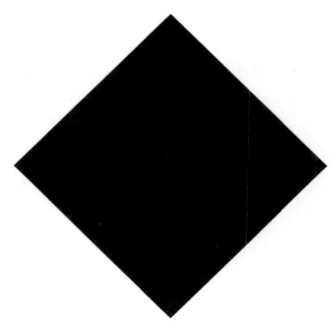

Anhang

**Mit der Lüge kommst du
durch die ganze Welt,
aber nicht mehr zurück.**

— *Russisches Sprichwort*

© Verlag an der Ruhr ✆ Postfach 102251 ✆ 45422 Mülheim an der Ruhr ✆ www.verlagruhr.de

■ Vom **Lügen**
■ **Betrügen**
■ und der **Moral**

Trickkisten

© Verlag an der Ruhr ✖ Postfach 102251 ✖ 45422 Mülheim an der Ruhr ✖ www.verlagruhr.de

Vom **Lügen**
Betrügen
und der **Moral**

◆ # Literatur- und Internettipps

Literatur

Heike Baum: **Ich hab aber nicht geschwindelt! – Vom Umgang mit Lüge und Wahrheit.** Emotionale Erziehung. Kösel, 2002. ISBN 3-466-30587-X

Maria Bettetini: **Eine kleine Geschichte der Lüge – Von Odysseus bis Pinocchio.** Wagenbach, 2003. ISBN 3-8031-2461-1

Jeremy Campbell: **Die Lust an der Lüge – Eine Geschichte der Unwahrheit.** Lübbe, 2003. ISBN 3-7857-2115-3

Haben Lügen kurze Beine? Oder: Was ist Wahrheit? Sekundarstufe I, *Calwer Lesehefte,* 2001. ISBN 3-7668-3647-1

Veit-Jakobus Dieterich (Hrsg.): **Haben Lügen kurze Beine? Oder: Was ist Wahrheit?** Sekundarstufe II, *Calwer Lesehefte,* 2000. ISBN 3-7668-3646-3

Simone Dietz: **Die Kunst des Lügens – Eine sprachliche Fähigkeit und ihr moralischer Wert.** rowohlts enzyklopädie, 2003. ISBN 3-499-55652-9

Steffen Dietzsch: **Kleine Kulturgeschichte der Lüge.** Reclam, 1998. ISBN 3-379-01580-6

Udo Ulfkotte: **So lügen Journalisten – Der Kampf um Quoten und Auflagen.** Goldmann, 2002. ISBN 3-442-15187-2

Oliver Hochadel, Ursula Kocher (Hrsg.): **Lügen und Betrügen – Das Falsche in der Geschichte von der Antike bis zur Moderne.** Böhlau, 2000. ISBN 3-412-06900-0

Rochus Leonhard, Martin Rösel (Hrsg.): **Dürfen wir Lügen? – Beiträge zu einem aktuellen Thema.** Neukirchener Verlag, 2002. ISBN 3-7887-1929-X

Mathias Mayer (Hrsg.): **Kulturen der Lüge.** Böhlau, 2003. ISBN 3-412-05603-0

Linda Schwartz: **Und jetzt? Moralische Zwickmühlen im Alltag.** Verlag an der Ruhr, 2002. ISBN 3-86072-698-6

Linda Schwartz: **Und jetzt? Moralische Zwickmühlen in der Schule.** Verlag an der Ruhr, 2002. ISBN 3-86072-699-4

Volker Sommer: **Lob der Lüge. Täuschung und Selbstbetrug bei Tier und Mensch.** dtv-Sachbuch, 1994. ISBN 3-4233-0415-4

Markus Tiedemann: **„In Auschwitz wurde niemand vergast." 60 rechtsradikale Lügen und wie man sie widerlegt.** Verlag an der Ruhr, 1996. ISBN 3-86072-275-1

Irmela Wiemann: **Wie viel Wahrheit braucht mein Kind? Von kleinen Lügen, großen Lasten und dem Mut zur Aufrichtigkeit in der Familie.** Rowohlt Tb., 2001. ISBN 3-499-60956-8

Links

www.uni-regensburg.de/ Fakultaeten/phil_Fak_IV/ Kultur_der_Luege/
Graduiertenkolleg „Kulturen der Lüge" (hier findet man Audio- und Videoaufzeichnungen von Vorträgen, Filmtipps, Links etc.)

www.rp-online.de/news/ wissenschaft/allgemein/2002-1113/luegen.html
Artikel über Lüge als Themenbeitrag bei Tagen der Forschung in Rostock

www.familienhandbuch.de/ cmain/f_Aktuelles/ a_Haeufige_Probleme/ s_350.html
Renate Valtin/Sabine Walper: Darf man manchmal lügen? – Ein alltägliches Dilemma aus Kindersicht

www.seitensprung-luegen.de/ fragebogen_seitensprung.htm
Ausführlicher Umfrage-Bogen zum Thema „Notlügen beim Seitensprung" der Sozialwissenschaftlerin Ingrid Weichelt, Uni Tübingen

http://gutenberg.spiegel.de/ lukian/luegen/lueg011.htm
Lukian, „Der Lügenfreund oder der Ungläubige" – vollständiger Text der antiken Lügenkomödie

© Verlag an der Ruhr ✆ Postfach 102251 ✆ 45422 Mülheim an der Ruhr ✆ www.verlagruhr.de

Vom **Lügen** **Betrügen** und der **Moral**

Verlag an der Ruhr

www.verlagruhr.de

Selbstvertrauen und soziale Kompetenz

Übungen, Aktivitäten und Spiele für Kids ab 10

Terri Akin u.a.
10–16 J., 206 S., A4, Pb.
ISBN 3-86072-552-1
Best.-Nr. 2552
23,- € (D)/23,65 € (A)/40,30 CHF

Und wenn's mal knifflig wird?

Richtige Entscheidungen finden und dazu stehen können

Linda Schwartz
10–13 J., 81 S., A4, Papph.
ISBN 3-86072-885-7
Best.-Nr. 2885
17,- € (D)/17,50 € (A)/29,80 CHF

Respekt, Respekt! – Höflichkeit und gutes Benehmen

Eine Lern-, Diskussions- und Arbeitsmappe

Nicole Wagner
Kl. 8–10, 84 S., A4, Papph.
ISBN 3-86072-662-5
Best.-Nr. 2662
18,60 € (D)/19,15 € (A)/32,60 CHF

So leben sie!

Fotoporträts von Familien aus 16 Ländern – Ein Erkundungsprojekt rund um die Welt

Mary-Claude Wenker
6–16 J., 54 S., A4, Heft, 16 vierfarb. Bilder A3
ISBN 3-86072-669-2
Best.-Nr. 2669
28,- € (D)/28,80 € (A)

Moral

Soziale Kompetenz

Miteinander

Die 10 Gebote heute

Infos, Materialien, Provokationen

Christoph Menn-Hilger
13–25 J., 82 S., A4, Papph.
ISBN 3-86072-774-5
Best.-Nr. 2774
17,- € (D)/17,50 € (A)/29,80 CHF

Ich hab doch Recht! Oder?

Lexikon und Rechtsratgeber für Jugendliche

Eleonore Gerhaher, Ulrike Hinrichs
12–18 J., 259 S., 16 x 23 cm, Pb.
(mit vierf. Abb.), 2-farbiger Druck
ISBN 3-86072-867-9
Best.-Nr. 2867
18,- € (D)/18,50 € (A)/31,50 CHF

Miteinander klarkommen

Toleranz, Respekt und Kooperation trainieren

Dianne Schilling
10–18 J., 133 S., A4, Pb.
ISBN 3-86072-551-3
Best.-Nr. 2551
18,60 € (D)/19,15 € (A)/32,60 CHF

Wenn Multikulti schief läuft?

Trainingshandbuch Mediation in der interkulturellen Arbeit

Petra Haumersen, Frank Liebe
14–99 J., 192 S., 16 x 23 cm, Pb.,
völlig überarbeitete Neuauflage
ISBN 3-86072-996-9
Best.-Nr. 2996
14,80 € (D)/15,20 € (A)/25,90 CHF

Verlag an der Ruhr

Bücher für die pädagogische Praxis

Postfach 102251 • D–45422 Mülheim an der Ruhr
Tel.: 0208/495040 • Fax: 0208/4950495
E-Mail: info@verlagruhr.de